广州读懂

文物里的广州

吴凌云　易西兵　主编

广州新华出版发行集团
广州出版社
GUANGZHOU PRESS

前言

一座城市的精神，藏之于丰富的文物古迹，根植于深厚的历史发展脉络之中。岁月在古城墙的砖石缝间留下痕迹，高耸的塔楼承载了昔日的壮阔景象，庄严的庙宇承载着良善的愿望，街巷的每一块石板都见证着光阴流转，每一栋建筑的轮廓都讲述着历史的篇章，每一片砖瓦都潜藏着重新理解和读懂广州的可能性……守护并传承广州城市历史文化，是增强城市内在魅力、推动城市高质量发展的重要举措。

广州，作为首批国家历史文化名城，拥有悠久的人类历史和独特的文化传统。目前考古发现年代最早的金兰寺贝丘遗址，证实早在距今约六千年前，今天的广州地区就有先民居住并繁衍生息。公元前 214 年，秦平岭南，设桂林、南海、象三郡。任嚣筑番禺城为南海郡治，是为广州建城之始。此后，这座城市的中心历经两千年而未变，在全世界范围极为罕见。云山珠水，河网密布，共同孕育了这座城市的生态面貌，历经千年而愈发迷人。在漫长的历史长河中，广州是古代海上丝绸之路的重要港口。这座两千年未曾关闭的门户，广迎八方来客，汇聚四海珍萃，被誉为“天子南库”，更是东西方文化交流的纽带和桥梁。以广州为中心的岭南文化是中华文化的重要组成部分，以其独特的语言、艺术、建筑、风俗，丰富了中华文化的内涵。岭南大地人文荟萃，涌现了无数的先贤先哲，他们的思想和足迹深深烙印在这片土地上，为广州的文化繁荣注入了源源不绝的生命力。

紧扣广州市委市政府提出的“读懂广州、热爱广州、奉献广州”倡议和“促进广州千年城脉、文脉、商脉传承发展”的城市发展战略，本书以“城脉、文脉、商脉”为三条主线，讲述广州故事。“三脉”贯通着广州的根与魂，更蕴含着城市永续发展的精神动力，通过“三脉”将散落在城市各处的古遗址、古建筑和珍贵文物串联起来，深入挖掘其中的中华民族基因和血脉。全书分“城脉：由来是广州”“文脉：纳四海新风”“商脉：不朽的门户”三部分，以《广州文物志》《广州市第一次全国可移动文物普查精品图录》和2021年文物部门评选的“广州考古百件文物精品”为基础，精选全市最具代表性的文物藏品、考古遗址、文物建筑，秉持专业性、趣味性、普及性理念，深入挖掘文物背后的深邃意涵和生动故事，展现其艺术之韵、科技之光和人文之情，再现广州城脉、文脉、商脉在历史长河中交织演进的壮丽图景。

本书既是广州故事的崭新表达，也是城市历史文化的汇融整合与创新传播。我们希望用活泼的叙事风格来塑造广州城市形象，凝练广州城市精神，让珍贵的历史文化遗产在当代语境下发挥更磅礴的力量，启迪当下并引领未来；让读者在历史的厚重与当代的活力之间，去感受广州的脉动，领略广州的时代风采。

目录

带 * 的篇目，可扫描二维码，
跟随广州市不可移动文物宣传导览系统，了解更多文物信息。

第一章　城脉：由来是广州

第二章　文脉：纳四海新风

第三章　商脉：不朽的门户

第一章 城脉：由来是广州

广州坐落于珠江三角洲的北缘，北枕五岭，融通中原；面朝南海，成为扬帆通海、宝货盈衢的重要港市。她有着许多美丽的传说，被人称为羊城、穗城、花城……千年的商都基因，使广州始终秉有开放包容、多元荟萃的城市魅力。

公元前214年，任嚣挥师岭南，首任南海郡尉，以番禺（今广州）为郡治，修筑番禺城，即广州建城由来。

秦末北方战乱，赵佗据兵自守，在岭南建立南越国，和辑百越，推动了岭南地区第一次大开发。在广州考古发现的“蕃禺”漆盒、“万岁”瓦当等重要文物和南越国宫署遗址、南越文王墓、南越国木构水闸等重要遗址，将两千年前令人惊叹的都会图景展露在今人眼前。

一方永嘉铭文墓砖，揭示了广州社会经济的平乐康健。唐代张九龄开凿大庾岭路连通南北，海路贸易日渐繁盛。《唐大和上东征传》记载，唐玄宗时广州“江中有婆罗门、波斯、昆仑等舶，不知其数，并载香药、珍宝，积载如山”。因为居留广州的外国商人越来越多，唐朝政府批准在广州城西划定专门区域为蕃坊，由蕃长代为治理，这座南方港市一跃成为“天子南库”。

宋代多达20余次的修城记载和留存至今的各类铭文砖，说明当时广州人口稠密、商贸发达。明初永嘉侯朱亮祖合宋代三城为一，将南北东西城墙向外拓展，使新城扩至珠江岸边，濠畔街商铺连片；扩建北城墙，在全城最高处建广州制高点镇海楼，使广州城的轮廓从此确定下来。清代广州城西不断被开发，成为广州最繁华的商业中心，富商居所密布，货如轮转。

这座两千多年的古城，不仅留下了世界上已知年代最早、保存最完好的木构水闸，状如人体经脉的排水泄洪系统六脉渠，珠江上“三支桅杆”莲花塔、琶洲塔和赤岗塔，明清城墙遗存，历代“羊城八景”……还保留着两千年不变的城市中心以及“六脉皆通海、青山半入城”的山水生态城市格局。

巍巍白云山、滔滔珠江水，千年城脉连绵不绝。

羊城上下两千年，云山珠水之间，时空重逢之际，新旧交织历久弥新，古今辉映在眼前。

漆盒上的蕃禺城

当埋藏了两千多年的“蕃禺”二字出现时，考古人员似乎在方寸之间看到了广州千年之都的谜底。

漆盒于1953年在广州西村石头岗秦墓出土，是“蕃禺”地名见于考古实物最早的一例。漆盒呈椭圆形，长28.1厘米，宽12.4厘米。木胎黑漆，盖面朱绘云纹，正中有“蕃禺”二字烙印，“禺”字下半漆皮已脱落，但木胎烙痕清晰可辨，字体为秦始皇统一文字后标准的小篆体。

“蕃”古通“番”，“蕃禺”即“番禺”，她是广州最早的名称。公元前214年，秦始皇派50万大军兵分五路统一了岭南地区，设置南海、桂林和象三郡，南海郡的郡治即设在“蕃禺”。公元前203年，赵佗建立南越国，定都“蕃禺”，此后这里一直是南越国的都城。这件漆盒是秦朝推行郡县制和在广州建城的重要历史物证。

南越国宫署遗址大型石构水池的池壁石板刻有斗大的“蕃”字，该地出土的木简上有“蕃池”记载，南越文王墓中出土的6件铜鼎、1件铜壶和1件铜匜亦均铭刻有“蕃”或“蕃禺”文字。这不仅确认了秦汉“蕃禺”城的城址，也证实了南越国宫署的所在。以南越文王墓为代表的南越国墓葬及之后的汉墓分布，则为“蕃禺”城的位置与范围提供了旁证。城内的布局虽已无从究明，从出土的“长乐宫器”“长秋居室”“泰官”等铭文器物以及建筑材瓦等判断，南越国的宫殿布局可能是模仿汉长安的都城建制，但规模要小得多。

史籍中对“蕃禺”的记载仅寥寥数语。《史记·南越列传》记:“番禺负山险，阻南海，东西数千里。”《汉书·地理志》“南海郡”条：“南海郡，户万九千六百一十三，口九万四千二百五十三。县六：番禺，博罗，中宿，龙川，四会，揭阳。”从中可看出，“蕃禺”既是秦汉时期的南海郡治，又是南越国的都城。

东汉时，“蕃禺”改为“番禺”。不少出土文物也证明了这点。东汉以前，器物铭文皆作“蕃禺”；东汉时期，器物铭文大多作“番禺”。当时属番禺管辖的香港九龙李郑屋村出土的东汉两砖文，分别是“大吉番禺”和“番禺大治”。另有1998年番禺钟村镇挖出的东汉墓，砖上有“番禺男”“番禺都亭长”等字。

广州在古代被称作“蕃禺”的原因，学术界众说纷纭。主流说法是广州有“番山”和“禺山”。明朝黄佐《广东通志》载：“番禺县治东南一里曰番山，其山多木棉，其下为泮宫；自南联属而北一里曰禺山，其上多松柏。”也有人认为“蕃禺”合指远离中原王朝的岭南地区。《周礼·秋

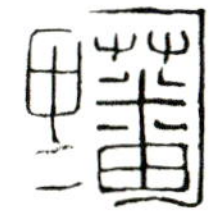

＜秦『蕃禺』铭椭圆形漆盒盖 广州博物馆藏

＜西汉『蕃禺』铭汉式铜鼎 南越王博物院藏

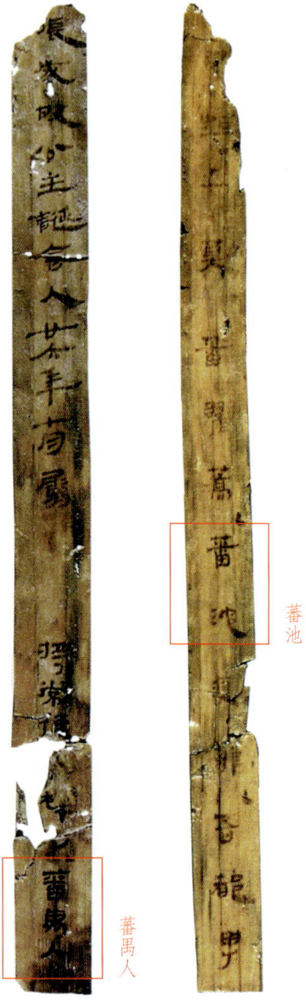

< 西汉 南越木简 南越王博物院藏

官·大行人》记载:“九州之外，谓之蕃国。”尹知章注《管子·侈靡》:“禺犹区也。”三国东吴黄武五年（226），孙权分交州置广州，因交州州治在广信，取县名一字为州名，才正式得名“广州”。

多年来的考古成果证明了秦汉“蕃禺”城在广州市区内，主体东起旧仓巷，西至吉祥路东侧，北至越华路南侧，南达惠福路，东西宽约500米，南北长约800米，面积约40万平方米，历代的民居、官署与城郭等遗存层层叠压。“蕃禺”，早在两千多年前就被镌刻于方寸之间，深埋于今天的广州城区之下。

王宫遗址的千年传奇

南越国官署遗址

公元前 203 年，秦将赵佗割据岭南，建立南越国，定都蕃禺（今广州），兴建王宫御苑。赵佗推行“和辑百越”政策，引进中原农耕技术与先进文化，使岭南地区从刀耕火种的氏族社会平稳进入农耕文明时代。在此后历代的发展中，岭南地区又不断吸收异域文化，在悠久灿烂的中华文化中形成独具特色的岭南文化、融通中外的海丝文化和敢为人先的创新文化。

在广州市繁华的中心区域，有这样一个地块，这里层层叠压，自下而上分别有秦、西汉、东汉、西晋、东晋、南朝、唐、宋、元、明、清以及民国 12 个历史时期的文化遗存，如一本“历史书”，写就了广州两千年历史华章。城市中心历经两千年而未曾迁移，这样的考古遗址，在中国考古史上极为罕见。

这个重要区域位于广州市中山四路西段，这里既是西汉南越国和五代时期南汉国都城王宫核心区，也是秦汉南海郡治、南越国都、汉番禺县治、隋广州刺史署、唐岭南道署、宋广南东路经略安抚使司署、元广东道宣慰使司都元帅府、明广东布政司衙署、清广东承宣布政使司的所

< 西汉 『万岁』瓦当 南越王博物院藏

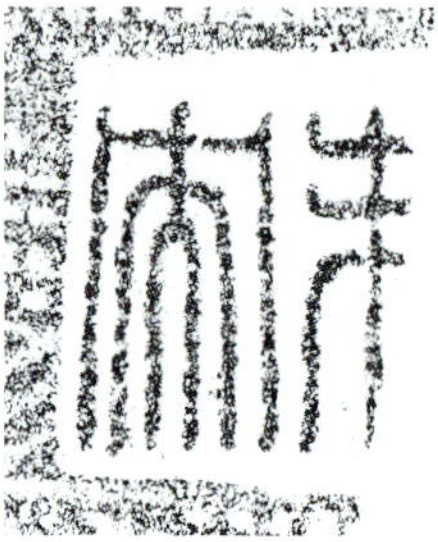

< 西汉 『未央』陶罐残片、『华音宫』陶器盖残片 南越王博物院藏

在地。

南越国宫署遗址以秦汉时期南越国的宫殿和御苑遗迹为核心。其中南越国御苑由石构水池和曲流石渠组成，经国家文物局组织的多学科专家组论证，认为这是中国乃至世界现存年代最早、保存较为完整的园林遗迹，是中国三大园林流派之一岭南园林的源头，是广州历史文化名城的精华所在。

从目前已发掘的考古资料来看，南越国宫城大体可分为宫殿区和宫苑区两大部分。从宫城布局、建筑形制、宫殿建筑命名等实证西汉诸侯国“同制京师”。此外，遗址还出土大量“万岁”瓦当、南越国木简、戳印“华音宫”“未央”“中共厨”“殿中”等文字的陶器以及“中府啬夫”封泥等。南越国宫署遗址发现的这些重要遗存，对研究古代广州城市布局和发展脉络，探索岭南文化形成与发展模式，探寻秦汉时期岭南地区融入统一多民族国家进程，研究中国古代建筑史、工艺史、园林史等具有重要意义。

遗址区还发掘出五代十国时期南汉国的遗存。出土的刻“卢”字秘色瓷碗、刻“掌要局”文字定窑白瓷碗等文物，对确定遗迹的年代和性质提供了重要依据。南越国—南汉国宫署遗址是南海海上贸易的政策指令中心和核心贸易集散地，作为不同时期广州地区政治文化中心和海上贸易管理机构所在，见证了广州依托海上丝绸之路走向繁荣的历史。

在长达两千多年的广州城市发展进程中，这里一直是岭南地区历代政治、经济和文化中心。从南越国都城、汉代岭南都会，一直到今天中国南方最大的城市，其中心地位一直保持不变。这在中国城市发展史上几乎是绝无仅有的。

<　西汉　八棱石柱、熊饰踏跺　南越王博物院藏

< 南越国宫署遗址地层关键柱剖面图

岭南治水的智慧之光

南越国
木构水闸遗址

广州位于珠江水系的西、北、东三江汇合处，是一座因水而生、因水而兴、因水而荣的港口城市。建城两千多年来，广州城的发展与水息息相关，“六脉皆通海，青山半入城”就是对广州山水格局的生动概括。

由于水系发达，广州可以说是一座“河道如巷、水系成网”的水城，留存了不少古代水利遗址和排水设施遗迹。这些遗址见证着这座城市民众“治水”的智慧。

南越国木构水闸遗址位于越秀区西湖路光明广场负一层，东北面距西汉南越国宫署遗址约500米。穿行于今日繁华的商业圈核心区，难以想象，两千年前这里竟是江水滔滔、海潮起落。

水闸位于当时的珠江北岸，其布局中间窄、两头宽，从北往南分引水渠、闸室和出水渠三部分，由大批排列有序、纵横交错的“八”字形木结构建筑组成，遗址面积达3600平方米。水闸闸口宽5米、南北长35米，南向珠江呈“八”字形敞开，由闸室、南北两侧水渠道及沿岸连接建筑物构成。

南越国时期，番禺城南面珠江宽阔，海潮或能直接上涨，涌进城内。水闸的功能在于，当珠江潮水升高时，闭合闸板防止潮水倒灌；当城内缺水时，可提起闸板将江水汲入城内。

无论从工程的规划和建设方案，还是从建筑技术和工艺来看，南越国木构水闸遗址都与现代水闸的原理基本一致，它凝结了古代工匠的智慧，堪称古代治水工程的辉煌成就。

作为目前世界上考古发现年代最早、规模最大、保存最完整的木构水闸遗存，它反映了秦汉时期的水闸建造技术已经达到相当高的水平，对研究秦汉时期城市水利设施、南越国都城南界、珠江岸线变迁、古代水系治理以及古代木构建筑技术等至关重要。

除了西汉南越国木构水闸，广州考古还发现了不少古代的排水设施遗存，实证了古代广州治理水患的实践。

与南越国木构水闸遗址同时期的南越国宫署遗址内也有科学完善的排水系统。其中，地面排水设施有明渠、地漏和渗井，地下排水设施有陶管道和木暗槽。这些排水设备用于王宫日常生活污水处理、雨水疏通、排洪防涝等，为宫里居住者提供生活便利。

南汉时期的水关遗址建于南汉乾和年间，发现于今天广州德政中路的西侧。建筑为长条形砖砌券顶的隧洞，南北向，砖筑呈“八”字形的敞口，入水口位于北面，宽度

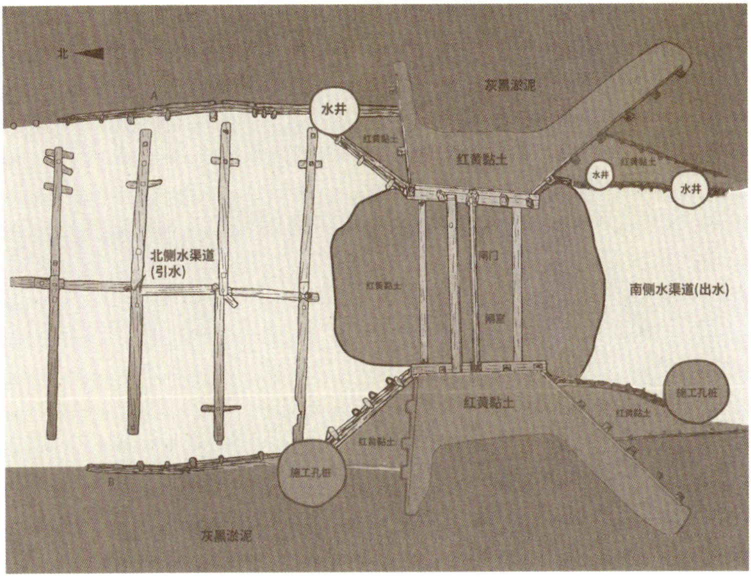

〈南越国木构水闸平面示意图

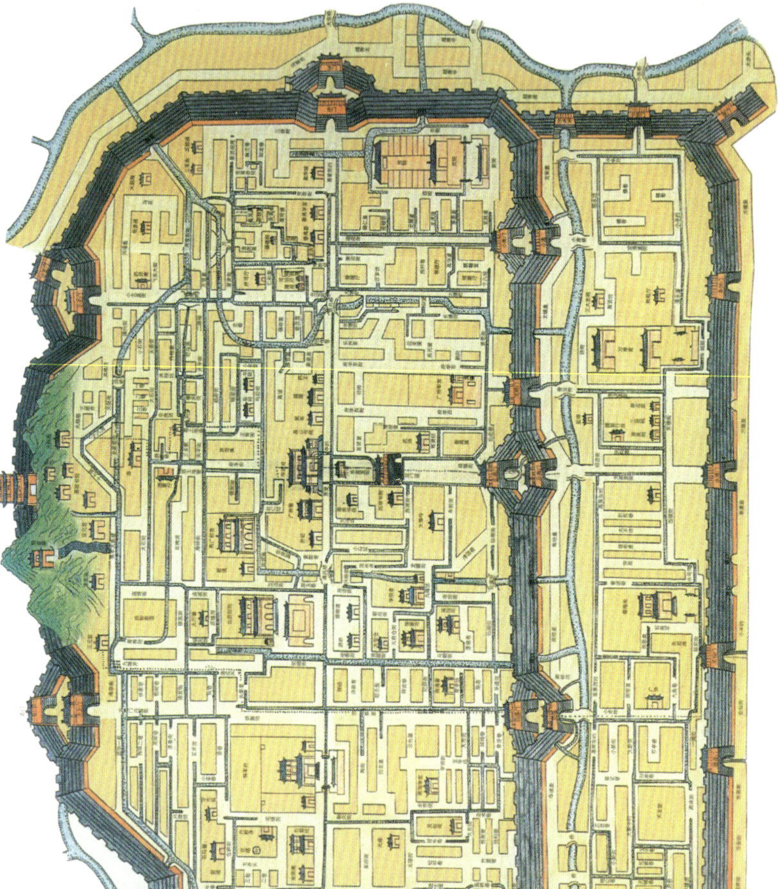

< 《六脉渠图》 关佩衡绘制于 1947 年

与券洞相同，出水口在南面。出、入水口两头还有置有厚板与木柱构成的接引段，即在水口两旁竖立几根木桩，并内衬以厚木板。水关一来可以引水入广州城，供城内居民饮用和洗涤；二来可以防止洪水和潮汐共同冲击导致的水患。

宋代广州先民开凿的“六脉渠”，是体现古代广州追求城水共存之道的重要水利工程。宋代广州城由三城（子城、东城、西城）组成，这个时期的六脉渠顺地势呈南北走向，有五条集中在西城。到了明代，市内的渠道虽沿袭“六脉渠”之名，但由于广州城历经三次改造和扩建，其位置已经发生了改变。这一时期的六脉渠是干渠，此外还有无数像毛细血管的街渠流入六脉渠，再排出城濠，形成了由四级水体组成的广州城排水系统：街渠→六脉渠→城濠→珠江。

南越国时期的木构水闸、南越宫署的下水道设施、南汉国的水关以及宋代以后科学系统的六脉渠等，不仅是古代水利工程的杰作，也是广州悠久历史文化的重要见证，生动展现了两千多年前岭南人民高超的治水智慧。

曾经，先民们逐水而居，向海而生，这些水利工程庇护着广州这座水城；如今，我们对其妥善保护、活化利用，使之与当代社会相通相融，在传承中激活其生命力。

三朝梦忆古城墙

广州的城墙，历经多个朝代的废弃兴复，向我们讲述着岁月的尘烟。在山海之间，云水深处，有一段城墙集合了三个朝代的岁月痕迹，沿用时间跨度 500 多年。

1996 年至 1998 年，广州考古人员在越秀区中山五路以南、教育路以东、小马站以西的区域发掘出一段涵盖了三个历史时期的城墙，据考证，最内侧的城墙始建于东汉时期，是东汉番禺城的西城墙；而在东汉城墙之上，分别是东晋和南朝修缮和扩建的城墙。

西汉时期，汉武帝平南越国，将南海郡治搬至广信。东汉时期，番禺逐渐繁荣，人口增长率节节攀升。考古发现的大量东汉墓葬及出土文物表明，彼时广州城不断向周边扩展，番禺富裕之家比比皆是。东汉末年，步骘奉孙权之命在番禺考察，他盛赞此处为“海岛膏腴之地”，适合作为都城，随后将交州州治从广信迁至番禺，并重新修建城郭，使得番禺在 300 年后重新恢复了在岭南的中心地位。20 世纪 90 年代考古发现的东汉晚期城墙，很可能就是在这一历史背景下修建的。

东晋太元年间，时任广州刺史滕含发现步骘所修的城

^ 东汉、晋、南朝、宋代城墙

〈东晋〉『泰元十一年』铭文砖　广州市文物考古研究院藏

墙经历百余年，不少地方出现了破损坍塌的现象，于是组织人力对墙体进行修缮。考古工作人员在东晋城墙遗址位置发现了一块模印“泰元十一年”的铭文砖，泰元十一年即公元 386 年，正是滕含担任广州刺史的时期。

中原战火频仍，广州虽远离战场，但也偶有战乱。规模最大的一次是在公元 404 年，卢循攻打广州，广州刺史吴隐之闭城固守，这场攻城战长达三个月，最后卢循派人入城纵火。此次战役导致番禺城焚毁严重，城内大量府邸宅院也毁于一旦。考古发现的东晋城墙的部分墙体，是在东汉墙体基础上扩宽并夯筑加固，再用砖包边，以向上收分的形式砌筑的。东晋广州城一直在修修补补，与东晋的战乱亦有一定关系。

晋至南朝时期的广州，人口流动相当频密，大量流民南迁至岭南，这些人既有官僚士大夫，也有普通老百姓，他们举家而来，同时也把中原的文化带到岭南。考古人员在发掘广州这段东晋南朝城墙遗址时，发现了大量青瓷残片，器型有碗、罐、碟等，器型虽残，但可见釉色晶莹，相比东汉时期同类器物有了很大进步。这一现象与中原人南迁带来先进的文化与技术有着密切的联系。

自东汉步骘修筑城墙后，东晋、南朝后人基本上只在步骘城的基础上补筑，并没有改变城墙位置，也没有将城址范围再向外扩展。而在层层叠修的城墙两侧，则是唐、宋道路的遗存。

千年的沧桑印记在城墙上，沉积着历史的风霜。漫步城墙的人们，勾勒出时光流动的剪影。蓦然回首，千年之前的广州人，回望这三代的城墙，是否与我们一样思绪万千呢？

陶鸡屋与西晋大族

永嘉年间，广州城东。

一座庄园内，一个奴仆正在鸡舍给鸡喂食，另一个奴仆在猪舍往食槽投放饲料，一切定格在陶舍之中……一块朴素的长方形陶鸡猪舍，再现了1700多年前西晋时期的生活场景。

这是岭南的一个大家族。他们家境殷实，拥有自己的庄园，有大量房舍和田地，个个穿金戴银，顿顿大鱼大肉，出行必有车马。

然而，世事如苍狗，生命终凋零。无论生前多么荣华富贵，人终有离开的那一天。

1994年，施工单位在黄埔区大沙镇姬堂村基建时意外地发现了这一家族的墓葬，由此揭开了西晋时期岭南这一家族的神秘面纱。其中一座墓主为男性的砖室墓，一块墓砖上写着“永嘉元年正月十五日张秀士家作砖”，永嘉元年即公元307年，为这一批墓葬提供了较为确切的断代纪年。另一座墓出土了“牙门将印章”“关内侯”等印，说明这个家族的地位显赫。

其中一座编号为M2的墓葬出土的一件文物引起了考

古人员的注意，它是一件陶制的鸡屋，属于汉晋时期常用于随葬的一类陶建筑明器。但它却与常见的建筑明器不同。广东地区汉晋墓出土多为陶屋、陶楼，为古人居住生活的房屋模型，也有猪圈、牛圈、羊圈等，为饲养牲口的仓舍。而陶鸡屋为混合型牲舍，室内当中用墙分隔成左右两舍，右舍养鸡，左舍养猪，这在岭南汉晋考古中甚是少见。

岭南人吃鸡的历史由来已久，广州汉代墓葬出土的铜质或陶质容器中，常常发现遗留的鸡骨残骸。

猪作为牲畜的历史更为悠久。猪也称为“豕”，人们所熟悉的“家”字，下半部正是“豕”字，说明猪在古代家庭中的重要地位。汉晋时期岭南地区已开始饲养猪，并将其作为重要的食物补充。南越文王墓考古发现了铜烤炉和铁叉，有学者认为这正是广东所流行的烤乳猪的源头。

中国古人很早就有事死如事生的观念，人们相信死亡是另一个世界生活的开始。岭南人从东汉时期开始流行使用陶屋、陶仓、陶井、陶灶等明器随葬，并放置陶牛、陶羊、陶猪、陶鸡等动物模型，希望死后在另一个世界依旧能享用如生前一般的荣华富贵。

西晋时期的中原地区，先后爆发八王之乱、永嘉之乱，大量北方人民南下，史称“衣冠南渡”。相比之下，

< 西晋 陶鸡猪舍 广州市文物考古研究院藏

< 西晋 陶水田 广州市文物考古研究院藏

西晋永嘉时期的广州，却是一段难得的康平时代，这才有了陶鸡猪舍以及它所呈现的美好生活。

无论是吃鸡还是烤猪，所有美好的生活都来自安定和平。也许这才是陶鸡屋最吸引人的地方。

康平之音永嘉砖

永嘉中，天下灾，但江南，皆康平。

永嘉世，九州空，余吴土，盛且丰。

永嘉世，天下荒，余广州，皆平康。

…………

一千七百多年前，西晋永嘉年间，一个满脸风霜的匠人，一手拿砖，一手握刀，眯缝着双眼，望着遥远的北方，略为沉思，然后刻下了这简练、流畅的文字，言辞中充满了自信和骄傲，仿佛向世人宣布，相对北方的兵荒马乱，南方“康”且“丰”，是一处令人向往的世外桃源。

砖瓦铭文，是中国传统金石学中的一部分，有着重要史料价值和艺术价值。在广州的晋墓中，考古人员先后发掘出诸多西晋末年永嘉时期铭文砖。该类“永嘉”铭文砖除广州地区外，粤北之韶关、连州以及广西梧州等地都有发现。均为纪年兼吉语砖，少量还有制作者信息，从永嘉元年（307）至七年（313），各年皆有，制作年代最晚者应为永嘉七年或稍后。从铭文砖大多出土于广州来推测，这些砖应在广州制造后传播他处。

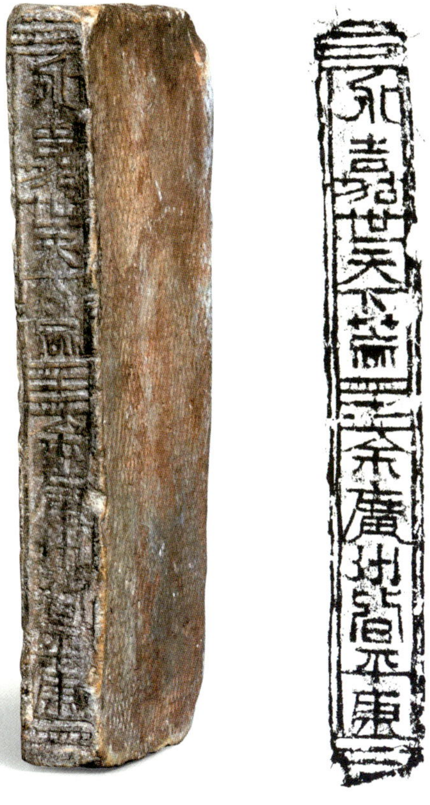

〈 西晋 『永嘉世天下荒余广州皆平康』墓砖 广州博物馆藏

西晋 「永嘉七年癸酉皆宜价市」墓砖 广州博物馆藏

此类砖的铭文内容相近，记载了永嘉年间江南、岭南地区社会相对繁荣安康的景象，并揭示了当时中国北方动荡、南方稳定，北人南迁、南人安居的史实。其中“永嘉世天下荒余广州皆平康”砖于1954年出土于广州北站西侧孖仔岗西晋砖室墓中，砖中“广州”一词应属出土文物中首次出现，可以证史。此外，其铭文为隶体，扁平、笔画方直、略带楷法、多方整工致，被学术界视为晋隶的代表之一，具有一定的书法艺术价值。

砖上所刻“永嘉”，是西晋怀帝司马炽所立年号，永嘉七年为公元313年，彼时正值北方五胡进犯京洛，怀帝本人于此遭掳，酿成了“永嘉之乱”。永嘉前后的慌乱局面在中国历史上都是骇人听闻的。五胡、流民、诸王、盗贼、饥荒成了这一时期史志中出现最频繁的字眼。

北方普遍陷于战乱，天灾频发，大量人口逃往南方，包括广州在内的江南与岭南成为流民们安身立命之所。后由于江南和荆州又数经战乱，兼以灾情，造成中原和江南流民逾五岭入粤者颇多，这是继秦汉时期北人入粤之后掀起的又一次入粤高潮。流民潮持续的时间较长，南迁的势头到南朝仍未停歇。当时从陆路、海上入粤者均较多。岭北入粤人口，多数分布在南海郡和沿五岭南麓的晋康、苍梧、始兴、义安等郡，尤以接近广州治所的南海郡为多。广东发现的晋代墓葬，除广州、佛山、高要外，多集中于粤东、粤北一带，其合族而葬的风俗以及所出土的卧室暖床（即今北方的“炕”）模型、犁田模型、青瓷砚、石砚等，是北人逾岭入粤历史的缩影。

随着北方民众入粤，岭南人口增长、郡县增置，珠江三角洲逐步开发，农耕区不断向山地和河谷平原拓展，广州“五羊衔谷”之神话也出现于这一时期裴渊的《广州记》中，从侧面反映出岭南农业生产的状况。

秦平岭南后，旧称“蕃禺”的广州逐渐成为岭南地区的政治、经济和文化中心。东汉建安二十二年（217），交州刺史步骘迁州于此，筑立城郭。随着东晋南渡，北人南迁为广州进一步发展提供了机遇。这一时期，人口流入和生产力的不断进步，也为岭南的持续繁荣提供了前置条件。

< 西晋 「永嘉世九州空余吴土盛且丰」墓砖 广州博物馆藏

〈西晋

「永嘉中天下灾但江南皆康平」墓砖 广州博物馆藏

“羊城”别称起源地

五仙观

晋裴渊的《广州记》记载：“五羊衔谷，萃于楚庭。”这是关于五羊传说的最早文献，也是广州别称“羊城”的由来。“五仙五羊”是广州独有的民间信仰，充分体现出广州城市文化的独特性。而位于越秀区惠福西路的五仙观正是这一城市起源传说的具象体现。

今天的五仙观始建于明洪武十年（1377），是一座祭祀五仙的谷神庙。

传说在周夷王时，天上有五位仙人骑着口含谷穗的五色仙羊降临广州，把谷穗赠予广州人，祝愿广州永无饥荒，然后仙人腾空而去，仙羊化为石。广州城因此有了“五羊城”“穗城”“羊城”“羊石”的别称以及“穗”的简称。人们为纪念这五位仙人，修建五仙观，塑五仙骑羊像，奉祀观内。

五仙观坐北向南，正门匾上有清两广总督瑞麟书写的“五仙古观”四个大字。道观依山而建，现存有头门、后殿、东斋与西斋。整体建筑为绿琉璃瓦重檐歇山顶，木构架保存完好，玲珑新巧。后殿东侧裸露的一块红砂海蚀岩，古人称“仙人拇迹”，是古海港的见证，曾是羊城八景“坡山古渡”一景。一对红砂岩雕凿的古麒麟置于五仙观山门前两侧，进头门后是中殿遗址，之后就是后殿，后殿是广州现存最完整的明代建筑。

明清时期，五仙观规模相当宏大，殿堂多达十数处。有照壁、牌坊、山门、中殿、后殿，两侧还有东西斋、三元殿、廊庑等。明清两代，这里分别以“穗石洞天”和“五仙霞洞”列入“羊城八景”。如今照壁、牌坊、中殿、三元殿和廊庑已不存，供游人参观的只有仪门、后殿、东斋、西斋等部分古建筑。

五仙观内现存的《重修南海五仙观碑》等碑刻，记载了广州的一些重要历史事件和五仙道观的沿革，是研究广州历史和五仙观变迁的重要实物。其中有现今发现最早的与五仙五羊降临广州、广州得名“羊城”传说有关的实物——北宋政和四年（1114）张励刻立的《广州重修五仙祠记》碑，这也是观内现存最古老的石碑。

在历史上，屡建屡废的寺观不在少数，五仙观也不例外，观址亦经历多次变迁。据有关史籍记载：北宋时，广州就建有祀奉五仙人的道观；南宋嘉定年间，道观迁至西湖玉液池畔，即今西湖路附近，称奉真观；南宋末年，又迁至今广仁路；明洪武元年（1368），五仙观毁于一场大火；直至洪武十年（1377）迁建于现址，由广东行省布政使赵嗣坚主持修建。

五仙降临，令广州风调雨顺，五谷丰登。时至今日，五仙观仍不失为羊城闹市中访古探幽的一处胜地。

> 清　苏仁山《五羊仙迹》图轴　广州艺术博物院藏

∧ 五仙观

唐代阿拉伯人聚居地

早在秦汉时期，广州就与南海诸国进行贸易往来，汉武帝以后，南海道被看作“遣使贡献”的贡道，贡使、僧徒和海商接踵而来，互通有无。

唐代开通了从广州至波斯湾、大食国（今阿拉伯地区），再向西达东非、红海这条当时世界最长的“广州通海夷道”，而且向东还有通往日本、高丽的航线。至迟在唐开元二年（714），唐朝政府已在广州设置了总管外贸事宜的长官——市舶使。

唐宋时期，海外贸易兴盛，蕃商云集，因此朝廷在广州城西设置了蕃坊作为外商居住区。唐宋时期广州蕃坊的区域，大约以今天光塔路的光塔为中心，南抵惠福路，东以米市路、朝天路为界，西至人民中路，北到中山六路。蕃坊所在的区域靠近唐代海船碇泊的港口，而光塔曾是唐宋时期来往广州的海舶的航标，只是后来珠江北岸不断往南推移，才使蕃坊所在地逐渐远离了珠江。

蕃坊内原有馆舍、蕃市、蕃学、宗教场所等，蕃市供外侨交易，蕃学由地方政府兴办，供外侨子弟学习中国文化。由于唐宋蕃客以信仰伊斯兰教的波斯人和阿拉伯人居多，因此蕃坊内又出现了穆斯林蕃客进行宗教活动的场所——伊斯兰教寺院怀圣寺。

蕃坊设立之初并未允许外侨与当地居民混居。到了宋代，随着来华海商的不断增多以及城坊制度被打破，广州的蕃坊也相应发生了变化，外国商人开始突破蕃坊的限制，分散居住在广州城内的其他街巷，与当地居民混居，蕃客也开始与汉人通婚共处。

唐宋时期广州蕃坊的建筑由于年代久远和自然损坏，逐渐被历史湮没，至今仅留存怀圣寺光塔，其余建筑形制已无从得知。但如今光塔路的玛瑙巷和甜水巷，从唐代开始就是外国人的聚居地，至今仍有不少阿拉伯人的后裔定居于此。而怀圣寺及光塔作为中国伊斯兰教的标志性建筑之一，以其为中心的区域至今依然是广州较为重要的穆斯林社区。

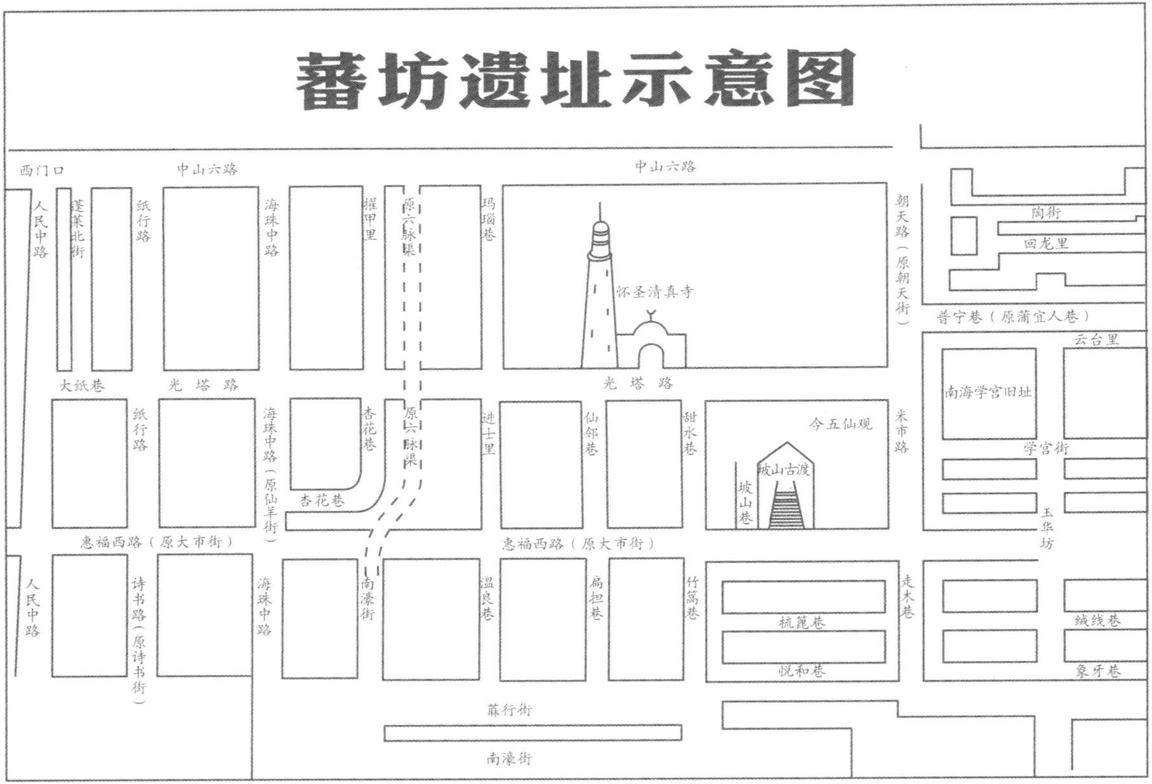
蕃坊遗址示意图
西门口
中山六路
中山六路
人民中路
蓬莱北街
纸行路
海珠中路
擢甲里
原六脉渠
玛瑙巷
怀圣清真寺
朝天路（原朝天街）
陶街
回龙里
普宁巷（原蒲宜人巷）
云台里
大纸巷
光 塔 路
光 塔 路
纸行路
海珠中路（原仙羊街）
杏花巷
原六脉渠
杏花巷
进士里
仙邻巷
甜水巷
今五仙观
坡山古渡
坡山巷
米市路
南海学宫旧址
学宫街
玉华坊
惠福西路（原大市街）
惠福西路（原大市街）
人民中路
诗书路（原诗书街）
海珠中路
南濠街
温良巷
扁担巷
竹篙巷
走木巷
桄榔巷
悦和巷
绒线巷
象牙巷
蘇行街
南濠街

< 蕃坊遗址示意图

∧ 清 油画《珠江北岸风光》局部 广州博物馆藏

层层叠叠的千年古道

北京路
古道遗址

中国古代传统文化中，有“居中不偏”的观念，这促成了城市中轴线的产生。广州城市传统中轴线定义为“从北京路至天字码头的古代城市传统中轴线和从越秀山镇海楼经中山纪念碑、中山纪念堂、人民公园、起义路、海珠广场至海珠桥的近代城市传统中轴线”。其中，广州古代城市传统中轴线全长约 1.6 公里，是广州最古老、最悠久、最繁华、历史文化资源最集中、最具岭南特色的区域，位于北京路的千年古道遗址见证了这条古老中轴线的历史积淀。

2002 年，在北京路整修商业步行街开挖路面工程中，出土了大量砂岩石条与古城墙砖。经过两个多月的抢救性挖掘，发掘出从唐代至民国共 11 层的路面（北段）和北宋至明清共 5 层拱北楼建筑基址（南段）。在我国城市考古中，城市的核心地段发掘出如此层层叠压、延续千年的道路遗迹和门楼基址极为罕见，因此此项发掘引起了中外考古界的轰动。按照文物保护与利用的方针，广州市政府决定结合北京路步行街整修工程，对南北两段的地下文物进行原地保护，并用玻璃钢罩覆盖其上向公众展示。2003

年 1 月，“千年古道遗址”正式对外开放。

千年古道遗址北段位于北京路中段，长约 44 米，宽约 3.8 米，在地表 3 米以下，层层叠压了 11 层路面，由上而下分属民国、明清、宋元、五代、唐代 5 个历史时期。目前，遗址采用覆罩露明展示，人行道的铺装遵循千年古道沿革，按照唐代—五代—北宋—宋元—明代—清末顺序排列，每个时期的地砖为一段，配以铜牌和文字信息标识。

公元前 214 年，秦平定岭南，设南海、桂林、象三郡，并将南海郡郡治设在番禺，南海郡尉任嚣在此筑番禺城，这是广州建城之始。番禺城建城后的两千余年间，北京路一带始终是广州古代城市中轴线所在，北京路千年古道遗址与位于北京路北段的南越国宫署遗址、南汉国宫殿遗址共同见证了两千余年来广州城的繁华与变迁。广州城市中心两千余年一直没变，这在国内外城市史中也十分罕见。

事实上，北京路不仅是广州城建之始的所在地，还是广州的地理和商业中心。自秦汉延续至今，广州历代以北京路为基点，拓展经营，生生不息。北京路商业步行街更是浓缩了两千多年来一脉相承的城市文化底蕴和特质。如今，这里游人如织，人们穿梭其中，由北至南，可以依次游览南越国宫署遗址、北京路千年古道遗址、拱北楼遗址、铜壶滴漏、大南门和天字码头，两千年的风云映入眼帘，今日的广州依然延续着这份繁华。

宋代路面

宋元时期路面
(公元1127-1368年)
(1127-1368A.D.)

宋代石门槛
(公元960-1279年)
The Stone Threshold of the Song Gate
(960-1279 A.D.)

南宋门楼磉墩

南汉王宫

南汉国
宫殿遗址

漫步在广州南越王博物院王宫展区，得见千年前南汉国宫殿的磉墩柱石遗存，其宽大的尺寸、密集的排列方式，让人依稀领略昔日王宫的雄伟华丽。然而那残损的方砖和摇曳的青草，似乎又在提醒人们，南汉国距今久已，繁华早已逝去。

南汉国是五代十国时期的一个地方割据政权，为原唐清海军、靖海军节度使刘岩（后改名龚）于后梁贞明三年（917）据岭南而建立，广州为其都城。其疆域东至今广东与福建之交，北抵湖南郴州，西控广西大部，南逾海南岛。南汉历三世四主，共55年，宋开宝四年（971）被北宋所灭。刘氏统治期间，岭南社会相对稳定，经济发展。此外，南汉还积极发展海上交通，再度复兴了因唐末战乱而一度衰落的海外贸易。

20世纪50年代以来，广州考古工作者陆续发现了南汉王陵和都城、宫殿御苑以及窖藏、水井等遗迹，出土了较多的南汉国时期遗物，为研究南汉历史提供了重要的实物资料。其中，中山四路西段发现的南汉王宫，实证了该国都城兴王府的宫殿和苑囿的位置和营造。2000年以来，相继发掘出一、二、三号宫殿基址和池苑。

南汉国一号宫殿坐北朝南，已发掘南、北两进殿堂，两者之间有廊道连接，形成“工”字形建筑布局。南面殿堂台约 630 平方米，北面殿堂约 930 平方米，均有数十个大型磉墩，规模极为宏大。

南汉国二号宫殿位于一号宫殿西侧，是一组以多进殿堂、庭院和回廊组合而成的大型建筑院落。庭院中发现了一种精美的铺地砖，砖面中心的菱形方格内印有四只展开双翅的蝴蝶和位于四角的牡丹花，寓意“富贵叠来”。尽管二号宫殿未能被全面揭露，但从其位置、建筑规模，结合文献记载来看，应是皇帝朝政的大殿。

南汉国三号宫殿现仅揭露一段铺石板地面和一根柱础石，建筑布局和形制未明。此柱础石用整石雕凿而成，边长达 112 厘米，覆盆下层雕覆莲瓣，上层雕刻 16 只蹲狮，其尺寸之大、雕工之精，均属罕见，仅在高级宫殿中使用。

南汉宫苑位于宫城区东北部，目前已发掘出池苑遗址一处，紧邻一号宫殿建筑群，水池东西长约 80 米，现揭露南北宽 17.5 米，是五代十国时期难得一见的帝王园囿遗存。池中尚存的水榭、亭台的木柱等遗迹，似乎还回荡着一千年前的袅袅余音。

南汉王宫的区域范围很大，向南跨过中山四路，向西越过北京路。在北京路千年古道遗址发现了南汉时期道路

八 南汉 十六狮座石柱础 南越王博物院藏

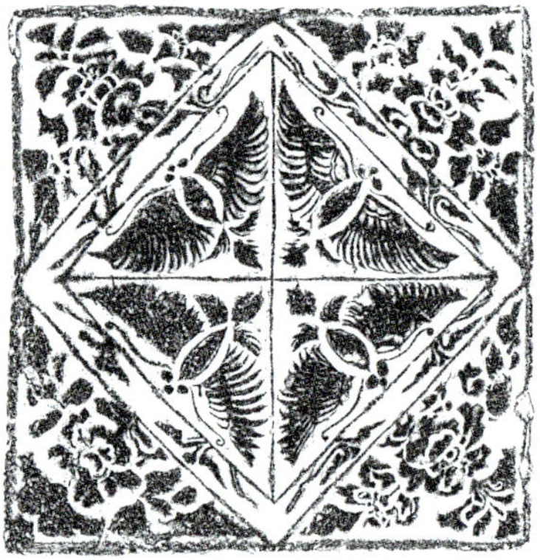

〈 南汉 蝶恋花纹砖 南越王博物院藏

遗址；在中山四路西段南侧发掘出了大型南汉建筑基址，出土了与一、二号宫殿接近的方砖、瓦当等建筑构件。此外，在北京路以西、中山五路南侧也发掘出了大型南汉建筑基址,可能为南汉国宫殿的附属建筑……种种考古发现，足以证明南汉国宫殿遗址之恢宏壮丽。

南汉国是岭南地区的第二个割据政权，也是五代十国中存在时间较长的地方政权。刘氏政权一统岭南，通商贸易，国力富强，城市建设独具一格。南汉宫殿遗迹还是当今中国考古发现规模较大的宫殿基址，某种意义上填补了国内古代宫殿建筑研究史的一段空白。

南汉国的花与苑

药洲遗址

千年花城，名闻天下。917 年，南汉高祖刘䶮建国都于兴王府（今广州），他采用“辑睦四邻”的政策，使得海外贸易空前繁荣，一时间“悉聚南海珍宝，以为玉堂珠殿”。由海路而来的印度茉莉和波斯的素馨花（古称耶悉茗），尤其受到南汉国百姓的喜爱。宋代陶穀在《清异录》中记载，南汉国“每见北人，盛夸岭海之强。世宗遣使入岭，馆接者遗茉莉”。以茉莉作为外交礼物，十分少有。

在岭南园林史上，南汉国的皇家园林是一大高峰。南汉国四任君主，皆穷奢极欲，追求享乐，除了建造数百座金碧辉煌的宫殿外，还在城内和城郊修筑了上千座精巧优雅的御苑、离宫、别馆，有“三城之地，半为离宫苑囿”之说。《高祖天皇大帝哀册文》记载，刘䶮“缮营苑囿，想像十洲，鹤立松巅，鸳穿花坞，水石幽奇，楼台回牙。万机之暇，翠华爰处，花朝月夕，嬉游辇路”，奢华至极。

南汉国众多宫苑之中，最著名的当数“花药氤氲海上洲，水中云影带沙流”的药洲。乾亨三年（919），刘䶮命人把番山和禺山削平，并在城西利用天然池沼凿长湖五百余丈，史称仙湖或西湖（今西湖路、教育路一带）。

八　北宋　米芾《药洲》题刻

园中湖面烟波浩渺，亭、楼、馆、榭依次点缀，舟船游弋，水秀岸翠。为了点缀药洲之灵气，刘龑从太湖、灵璧及三江运来九块瑰奇怪石，世称“九曜石”，比拟天上九曜星宿，寓意此刻人间如天宫美景。

至于“药洲”一名的由来，众说纷纭。有人认为南汉国皇帝刘龑在此炼制丹药，以求长生，故名“药洲”。另一说法颇为浪漫，据说刘龑要求园林中植满百花，不仅宫殿装饰要有花，宫女头饰也要有花，每当百花开放后，花蕊中的花药飘落在湖水中，于是人们将其称为“药洲”。在皇室的推动下，广州满城卖花、买花、戴花、赏花。很多人以种花、卖花为业，广州城成了一片花的海洋，爱花之风由此而盛。

但南汉国君主大兴土木、穷奢极欲，很快耗尽了本就孱弱的国力。北宋开宝四年（971），宋军陈兵广州城下，南汉后主刘𬬮投降，这个割据岭南半个世纪的政权，最终灭亡。之后，药洲成了文人雅士避暑吟咏的胜地。历代文人雅士喜欢在九曜石上题刻，留下众多诗词书法。北宋书法家米芾慕名而来，曾题“药洲”二字。明代“药洲春晓”更为羊城八景之一，园内山石如林，水波缥缈，烟雾空灵，仿若人间仙境。

昔日美景，至今只遗留在清代广东画家苏六朋的《药洲品石图》中。清代药洲遗址成为广东提督学政署所在，是清代主管全省文教的地方官署，一般人难以进入。清咸丰四年（1854），苏六朋因柳堂主人李长荣等人的引荐，得以入园观赏九曜石，游览时，竟觉“仿若天开图画，心旷神怡”，回去后欣然作画。画中有亭台楼阁、垂柳修竹、雕栏画栋、花草古松，以及一一罗列大名鼎鼎的九曜石。画中还有三三两两的文人雅士或摩挲玩石，或独自沉吟，或驻足闲谈，或举目远眺。

药洲如今默默地隐藏在教育路的市井茶舍之中，湖、岛、碑廊古意盎然，湖水静谧雅致，小桥曲折婉转，奇石蕴藏秀丽。南汉国统治者费尽心思营造的琼楼玉宇，大多消逝不再，刘隐、刘䶮兄弟所建立的霸业也早已“雨打风吹去”。只有当芸芸众生可以在园中绿荫下惬意品茶、谈天说地时，这处千年皇家宫苑才重新生出无穷的生命力。

宋三城的辉煌

古城墙，是一座城市发展的见证者。从秦汉到唐宋，再到明清，广州古城墙见证了这座城市的变迁。

回溯从秦朝筑番禺城至今两千多年的岁月，广州城垣由小扩大，逐步拓展。但无论经历了多少沧桑变化，广州城区中心一直位于今天的越秀区，从未改变。在世界范围内，有这样中心不变的独特城建历史的城市只有三个：罗马、亚历山大和广州。

在广州古代城市建设史上，宋代是一个大发展时期。有关宋代广州城修城的文献记载较为丰富。在两宋300多年间，广州的城垣扩建修葺达20余次之多，以北宋期间扩建最大。北宋期间在唐广州城的基础上重修子城，随后又在子城的两边修建东、西二城，合称广州三城，其面积是唐代广州城的四倍有多。

中、东两城以官署为中心，也是经略安抚使司署等所在地，西城主要是商业市舶区。清代仇巨川在《羊城古钞》中记载，宋代广州东、西两城不仅与珠江相邻，宋人还在城内外凿濠为池，环城浚之，并在城楼下设置水闸，将城内的南濠、清水濠等濠渠与城外的珠江相连接，使得城内外舟楫可相通，宛如一座水城。

千年城墙今何在？很长一段时间，人们只能根据文献想象宋代广州城的景象。

1972 年的一天，广州市文物管理委员会考古队在今越华路和广仁路交界处清理出一段东西宽 6.6 米、南北长 2 米的宋代城基遗址，推断此墙为宋广州城子城的西墙，也是西城的东墙。这是第一次发现广州古代城墙，意义重大，同时也证实了文献所记载的广州宋代三城。随着城市基建蓬勃发展，越华路、仓边路、越秀北路、豪贤路、文德北路、中山四路、旧仓巷、长塘街等地陆续发现了宋代城墙或墙基遗址。

考古人员又从这众多的遗址中剥离出许多有趣的信息。宋代城砖有的模印“水军修城砖”“水军广州修城砖”“水军记”等字样。为何修城的是水军呢？原来，根据宋兵制，在禁军和厢军中设有不同水军，其中隶属步兵司的水军负责巡防水道、维护治安，以及造船、筑城、浚河、纲运等工作。

实际上，宋代广州城市建设是一场大型总动员行动，参与建设的不止水军，在南越国宫署遗址还相继发现了“东南第十一将造”“番禺县修城大条砖”“南海修城砖”“增城县城砖”等铭文砖，可知广州筑城烧砖者不仅有厢军，还有禁军。还有南宋时期“摧锋监造”戳印砖，此砖表明

<宋>
"广州三城"铭文砖
广州市文物考古研究院藏

<
宋
『广州修城砖、东南第十一将造』铭长方砖
南越王博物院藏

摧锋军曾参与广州城墙修筑。摧锋军是一种地方军种，主要服役于广南东路，还常被派遣至粤东抗击海寇。由此可见，两宋时期广州修筑城墙的砖来自各地，大致有民造砖、官造砖、军造砖三大类，而以军造砖为主，可谓全民参与。

军队造砖，水军修城，广州宋城墙的质量也是名不虚传。宋仁宗时期，侬智高起兵反宋，沿着西江东进一路攻打至广州，然而，叛军在广州久攻不下，可见新筑的宋广州城坚不可摧。

宋代的广州不仅是广南诸州水路交通及商业往来的重要枢纽，也是海上丝绸之路的重要对外港口，这里不仅有全国各地形形色色的人，也有不同国家的使节、商人、僧侣等，他们当年或出入于城楼门下，或穿梭在东西城坊。千年后的今天，站在深埋城墙遗址的马路上，我们不妨透过这些砖石泥缝，去想象当年的繁华。

明城墙与镇海楼

明城墙　镇海楼　西门瓮城遗址

广州作为一座有着沧桑岁月积淀的历史文化名城，一街一巷，一砖一瓦，都铭刻着时间的印记。在时光的更迭中，广州城历经多次损毁和重建。如今漫步在越秀公园内，你会发现一段蜿蜒连绵的明代广州北城墙遗址，似在诉说着六百多年前那场浩浩荡荡的建城工程。

明洪武三年至十三年（1370—1380），永嘉侯朱亮祖将广州宋代修建的三城城墙拆掉，合为一城，并向北扩展至整个越秀山范围，这是广州古城的首次北拓。

出于城防和海防的需求，朱亮祖命人在越秀山上修建了“望海楼”，不仅可俯瞰广州城，还可远眺珠江。望海楼在明成化年间被一场大火烧毁，于明嘉靖年间重建，随后改名“镇海楼”。清代大儒屈大均盛赞此楼“巍然五重，下视朝台”。

明代《广州府城郭图》记载，广州城共开七个城门，包括正北门、小北门、正东门、正西门、正南门、定海门和归德门。今日广州地铁一号线的“西门口”站、五号线的“小北”站，其站名正是以明清广州城的西门和小北门命名。

∧ 镇海楼

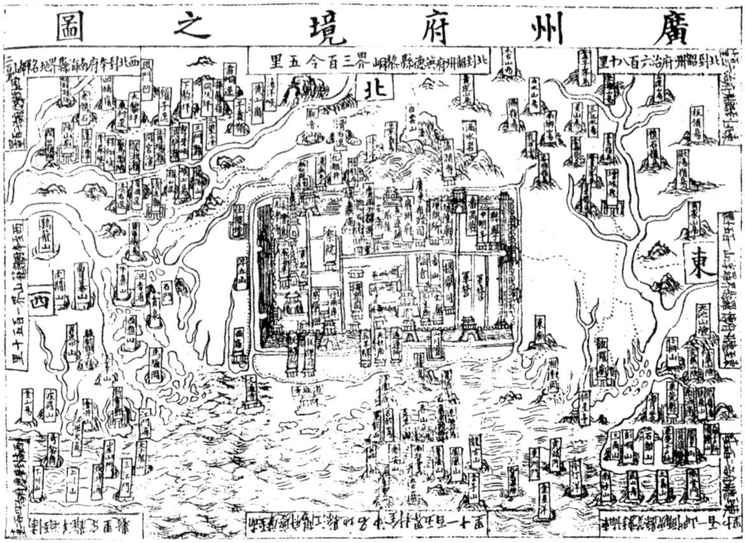

《广州府境之图》（选自《永乐大典》）

广州明代的西门、东门、南门等门都有瓮城，且形状各异。西门在清代、民国一直被修整和沿用。1996 年至 1998 年，考古工作人员在中山七路与人民北路交界处发现了明代西城门瓮城遗址，还出土了明代青花碗、碟及酱釉壶、石杈和清代铁炮、铜钱等。西门口瓮城遗址，是当年西城门的一部分，是广州迄今发现的唯一保存较好的明代瓮城遗址。所谓瓮城，就是在城门外修建一个形如瓮的建筑空间，可以有效地增加纵深，防止敌人一次就攻占城门。西门两侧与城墙连在一起，设有箭楼、门闸、雉堞等防御措施。城址南北长 50 余米，东西宽 18 米，墙基残高 3.7 米，由红砂岩石包边，墙以黄褐色土夯实，可以看出经历了多次修筑。

此外，明代广州各城门均有一块刻有城门名称的石额，目前仅有归德门石额尚存。归德门位于今解放路与大德路交界处，是明洪武七年（1374）广州扩建城垣时新开的城门之一，宛如连接古城南北的大动脉，位置极为重要。城门石额篆刻有“归德”二字，字径逾尺，刚劲雄浑。当代书法家麦华三评此石额曰：“篆尚婉而通，婉通二字，易贵此书足以当之。”

明清时期，广州分属南海县、番禺县管治，归德门是旧城两县的分界。清朝广州城在晚九时开始夜禁，街上禁止行人，所有城门关闭，门锁由八旗驻广州的将军府监管，至黎明时再开门。其中归德门每晚一关就不得再开，直至黎明才许开启。

广州最后一次筑城是在清顺治四年（1647），总督佟养甲筑东、西二鸡翼城。1918年起，广州大规模修筑马路，城墙与石门被拆后，大部分砖石用来修筑马路。昔日的城门，化作地名，记录广州古城的变迁。

穿行在广州街巷，不妨来一场跨越百年的“City Walk”（城市漫步）——从西门口启程，摩挲明代西城门瓮城遗址，随后搭乘地铁抵达越秀公园，登越秀山，沿着明城墙遗迹，观镇海楼，游碑廊，仰望归德门石碑额，一幕幕历史似乎就在眼前。

八 归德门门额拓片

< 明城墙和镇海楼

珠江畔的航标与传奇

赤岗塔　琶洲塔　莲花塔

广州人依水而居，日常生活离不开江河湖海，对水有着独特认识，千百年间，形成了“以水为财”的观念，而珠江就是广州城的源头活水。明代，岭南人热衷于风水堪舆，他们认为珠江广州河段中，白鹅潭一带是入水口，是“天门”，琶洲一带是出水口，是“地户”，珠江出水口地势低平，若两岸没有高山“关锁”水口，会造成“生气外泄”。明代广州相继建成琶洲塔、莲花塔、赤岗塔，作为“水口塔”，锁住城市气运。“三塔”的修建，蕴含着当时广州人对家乡风调雨顺、万事如意的期许。

沿广州的珠江河段自西向东，首先出现的是第一个“水口塔”——赤岗塔。赤岗塔始建于明万历四十七年（1619），后因经费不足而停工，直到明天启年间才由尚书李待问续建而成，是“三塔”中最晚建成的宝塔，因为塔基建在红砂岩山岗上，故名赤岗塔。这是一座“锁水口、聚灵气”的风水塔，有着“壮会城形势”的作用，清道光年间由十三行行商伍崇曜、潘仕成慷慨出资重修，以兴人文，祈求国泰民安。

作为过往船舶的重要航标，来粤者沿着内河航道从黄埔港进入广州城之前，看到的最后一座九层宝塔，便是赤岗塔。赤岗塔典雅的建筑艺术和神秘的气息，成为来华外国人喜爱的风景。更让他们惊讶的是，赤岗塔的转角位均雕刻着穿戴明代服饰的外国人形托塔力士，他们大多半蹲，用双手或单手向上发力，托住塔柱，有些虽因风化而模糊不清，但其生动神态仍依稀可辨，这大概有“金刚力士托塔，建筑才能稳固”的寓意。本地文人学士主持修建的塔，却让外国人来托塔，明清广州海外贸易之兴盛和中西文化交融程度之高可见一斑。

在赤岗塔东面，“二十五里有琶洲，当二水中，势逆而亦面巽。有二山连缀，穹然若魁父之丘。其内一山，石冢高平，于是又塔其上”，是为广州第二个“水口塔”——琶洲塔。琶洲塔与赤岗塔遥遥相对，成为“越东门”。琶洲塔在广州城东南十五公里外的琶洲村，地处珠江南岸，原是珠江中的洲渚，因形似琵琶故称琵琶洲。宋代开始此处为广州外港，是前来贸易的外国海舶停靠之地。

明万历年间，光禄勋丞王学曾从波罗庙（即南海神庙）返回广州城时，只见琶洲位于“水口”之处，树木郁郁葱葱，便倡议建塔以兴盛人文。1600年，琶洲塔落成，是“三塔”中最早建成的高塔。乡邑士人对琶洲塔寄予了振兴人文的深切期望，认为它与白云山并秀，甚至坚信琶洲塔建成以后，广州会人文大开，“科名不乏于庠，奔走不滞于

> 赤岗塔

> 赤岗塔八角基角处的托塔力士

< 琶洲塔

> 琶洲塔八角基角处的托塔力士

国，弓旌不遗于野，枢华不缺于朝”。因风光奇雄，此塔又被称为“琶洲砥柱”，清代被评为“羊城八景”之一。坊间流传琶洲附近水域常有金鳌浮现，故琶洲塔又被称为“海鳌塔”，这一传说又为琶洲塔蒙上了一层神秘的面纱。

琶洲塔还是明清时期珠江航道上的地标式建筑之一，引领着商船进出广州。清代外国商船驶来广州，要先进入黄埔港丈量船只、交纳关税，才能换乘小船入城贸易。琶洲塔正好位于广州城与黄埔港中间，外国商人乘船途经此地时，必定会被这座犹如中流砥柱的琶洲塔所吸引，醉心于中国式浮屠结构之奇妙。琶洲塔又被清代来华外国人称为“中途塔”，经常与附近的黄埔港一同出现在他们的日记和绘画作品中。美国人亨特在《旧中国杂记》中专辟一节记述：“在广州至黄埔之间就有两座最好的塔。离广州最近的一座被外国人称为磨碟沙涌塔（赤岗塔），得名自流过它所在的小丘下的一条珠江支流，另一座是黄埔塔（琶洲塔）。”

沿珠江向东南行，到了番禺莲花山，又有一塔“以束海口”，使山水“回顾有情，势力逾重”，即广州第三座“水口塔”——莲花塔。莲花山本是一处古采石场，南越国时期已经开采，此后历代广州先民均在此开采红砂岩石料。明万历四十年（1586），广州瘟疫横行，番禺举人李惟凤等人告官封禁，认为是长期有人偷采山石，招致地脉尽伤，人文罹厄，并力主建塔。1612年，宝塔建成，因为莲花山多砺石，又名“石砺塔”。登临此塔，珠江入口处狮子洋畔的秀丽风光可一览无余。

莲花塔位于珠江入海口狮子洋畔的莲花山上，明清时期外来船舶大多以此为航标，所以莲花塔成了中外船舶的“海航表望”，来粤海商看见莲花塔就知道已抵达省会广州。西方人对这座珠江航道上的莲花塔情有独钟，因为这是他们溯珠江而上往黄埔泊碇前的必经之路。1793年英国来华画家托马斯·丹尼尔绘制的《莲花山城及莲花塔》，描绘了名塔风光，该作品后来被作为石版画，深受西方人的喜爱。

大江奔腾，烟波浩渺。三座气势恢宏的高塔，巍然矗立在珠江边，自此“全粤扶舆之气乃完且固”。珠江三塔的兴建，集中在明代万历、天启年间，其间相隔不过40来年，可见当时建塔风气之鼎盛，以及明代广州地方财力之雄厚。这三座古塔的发起人，都是朝廷的高官要员或当地士绅领袖，他们倡议建起这三座塔，不仅仅是心系桑梓、祈求文运，还在客观上起到航标的作用，也是明清时期广州扬帆通海、商贸兴盛的见证。

∧ 莲花塔

∧ 清 通草水彩画《黄埔锚地》 广州博物馆藏

古画里的羊城八景

自宋代开始，全国各地出现评选当地八个著名景观的做法，称为“八景”。“羊城八景”便是广州最有代表性的八个景致，有自然景观，也有人文建筑，用现今流行的话，便叫“打卡点”。评选“羊城八景”的做法首次出现于南宋高宗绍兴年间，至今已有八百余年。

在历代“羊城八景”中，白云山始终占据重要席位。早在宋代，苏轼就留下了题咏白云山的佳句，之后白云山更是历代文人、学者治学赋游的好去处。白云山上的“蒲涧濂泉”“白云晚望”“景泰僧归”等著名景致，先后位列宋、元、明、清的“羊城八景”之中。

广州艺术博物院藏有明末清初广东画家高望公所画的一套羊城八景图，分别是金山古寺、珠江秋月、石门返照、景泰僧归、蒲涧濂泉、白云晚望、大通烟雨、波罗浴日（缺失）。

景泰僧归，最早出现于元代的“羊城八景”之中，然而这个典故却要追溯至南朝时期。在白云山西麓景泰坑，昔日有座景泰寺，为景泰禅师踏遍白云山后所选取的福地，他还用禅杖点出景泰泉，泉水流成的坑便叫景泰坑。当年景泰坑一带，流水潺潺，树木成荫。每当黄昏时候，外出化缘的僧人，三五结伴而归，景色十分秀丽。在高望公“景泰僧归”画作中，古寺隐现于树丛中，幽静庄严。

蒲涧濂泉，宋代“羊城八景”已有。相传秦朝有个叫郑安期的人，到白云山一处溪涧的悬崖上采摘菖蒲，不料藤断身坠。正在危急之际，一朵白云幻化为仙鹤，背负着郑安期羽化成仙。以后，人们就把这条溪涧称为蒲涧，许多人到这里的寺庙拜祭。高望公在“蒲涧濂泉”画中描绘了起伏不断的山坡，张弛有度，近处濂泉飞流直下，引起观者无限遐想。

白云晚望，是元代的“羊城八景”之一。该景缘于白云山南坡的白云寺，倘若在此处伫立远眺，整个广州城尽收眼底，尤以夕阳西下之时，霞光暮色最为迷人，故称为“白云晚望”。在高望公“白云晚望”画作中，可见白云层层自山下涌起，在幽山古刹旁缭绕不绝，白云寺在树林掩映下只见其顶，可见白云寺并不只有“晚望”一景，可谓“风光不与四时同”。

羊城八景除了云山景致，其他诸如珠江秋月、石门返照、波罗浴日等景则与珠江水紧密相连，可知早在几百年前，广州的“云山珠水”格局就已形成，一直延续到今日。

明末清初 高望公《羊城八景》 广州艺术博物院藏

《金山古寺》

《珠江秋月》

《石门返照》

《景泰僧归》

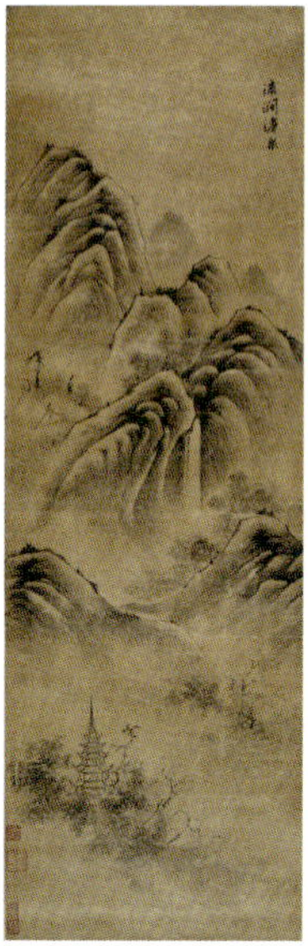

《蒲涧濂泉》

《白云晚望》

《大通烟雨》

越秀山的变迁

清同治二年（1863）春，越秀山南麓的学海堂书院，陈璞、李光延、石衡、汪兆镛等一众文人正在吟诗作画，送友人陈良玉赴直隶任通州学政。陈璞将此情景记录于心，绘就《山堂话别图》，并题记：“同治癸亥之春，朗山老兄将赴通州，同人饯于越秀山学海堂，璞为作此图，招诸君子赋诗，以压行囊。”画中峰峦高耸，树林参差，山间古道、屋舍隐约可见，景色清幽。此时广州正是木棉映红、风光无限之时，岭南的秀色之中流露出些许送别离人的气氛，依依惜别之情跃然纸上。

清嘉庆二十五年（1820），陈璞出生于广东番禺（今广州）的一个寒门家庭，8 岁时便外出求学，刻苦攻读，31 岁时中举人，清咸丰八年（1858）授江西安福县知县。当时江西境内饱受太平天国军与清军战火蹂躏，一片萧条，陈璞到任后日事抚循，劝课农桑，生民才稍有安定。后来陈璞父亲去世，他归粤隐居，曾受聘为学海堂学长十余年，潜心教书育人，晚年贫病交加，去世时，草堂四壁萧然，令人唏嘘。他的书法得米芾、董其昌精髓；画作苍浑秀润，颇有黄公望、董源、石涛之神韵，与黎简、谢兰生并称粤人“画家三杰”。

《山堂话别图》中的越秀山，也称越王山、观音山、粤秀山，尽管海拔只有70米，但它挺立于珠江北岸平原之上，被广州人视为人杰地灵之处。早在西汉南越国时期，越秀山便是南越国君臣登高祭祀之地，据成书于清道光年间的《白云粤秀二山合志》记载，山上修有越王台，传说是“汉赵佗建为上元修禊之处”，附近还有“越王井”，井水冰冷甘甜，是当时人们的重要饮用水源。此外，越秀山余脉象岗，还是赵佗孙子赵眜陵寝所在，其王墓建筑完全依照汉制。自古以来，人们对越秀山的“王气”联想翩翩，猜测曾统治岭南长达半个多世纪的南越武王赵佗，是否也葬在越秀山中某处。宋代的《舆地纪胜·广东南路·古迹》甚至言之凿凿地表示“赵佗葬于此，山为陵”。不管传言猜测是否属实，对于这一时期番禺城中的人而言，越秀山是具有象征意味的王山，是应崇拜敬畏而非亲近赏玩的对象。

当南越国被汉武帝纳入中央王朝版图后，越秀山的功能趋于多元化，这一时期越秀山上宗教场所的建设逐渐兴起。东晋时期南海太守鲍靓在越秀山上修建了道观越冈院。唐代越秀山麓附近的宗教场所更多了，有佛庵、药师庵，还有伊斯兰传教士宛葛素的墓地，给此山平添了几分神秘色彩。

南汉时期，历代国君耽于游乐，热衷于营建园囿宫馆，越秀山因其风景优美、人文荟萃，被南汉君王视作建设皇

家园林的绝佳选址。他们在越秀山一带疏浚甘泉，营建了甘泉苑区，供皇公贵族等游玩享乐。开国皇帝刘龑还在越秀山脚下铺设了一条蹬道直通越王台，取名为“呼銮”，道路两旁栽种菊花、芙蓉，供南汉君臣日夜在越王台宴饮作乐。普通百姓自然是无法染指这样的秀色，越秀山“王山”的形象此时再一次牢植在人们心中。

宋代以后，城市规模扩大，形成子城、东城、西城三城并立的格局，尽管越秀山仍在城墙以外，但城市生活开始浸染山林，越秀山成为百姓游玩休憩之地。最有代表性的是宋元时期，“羊城八景”中均出现了与越秀山有关的景致。宋代“羊城八景”中与越秀山有关的一景是“菊湖云影”，菊湖位于越秀山脚，水平如镜，天空云彩映入湖中，令游人心旷神怡。元代，菊湖变湖为农田，元代“羊城八景”中与越秀山有关的景点变为“粤台秋月”。元末明初黎贞在《羊城八景序》中描绘此景时写道：“秋月扬辉，世界若琼瑶。登粤王台，举杯酌太白，万里一色，其喜洋洋矣。”此时的越秀山，可游可赏，昔日的王山对于普通人而言不再是遥不可及。

明清时期，越秀山逐渐被纳入广州城中，形成“青山半入城”的格局，山顶还增筑镇海楼，“为会城壮观”，此楼“矗立云汉……辉煌壮丽，为岭南第一胜概”。明永乐年间，都指挥使花荣将山中万寿寺改建为观音阁，越秀山又因此被广州百姓称为观音山。此时越秀山作为城中游览胜地的地位再次提升，其风景的审美价值被人们认可与重视。这一时期围绕越秀山所开展的各类人文活动愈来愈多，除了前代已有的井泉、宗教场所等，城市居民又营建私家园林、书院学堂、军事设施等。尤其是书院，明代正德、嘉靖年间，仅越秀山南麓城墙以内就聚集了迂岗、泰泉、清泉、镇海、慎德、白山、明道、崇正等多间书院。清代，学海堂、菊坡精舍和应元书院相继落户越秀山南麓，陈璞正是在一片书香缭绕之中送别友人。

延续宋元的传统，明代、清代的广州城也热衷评选“羊城八景”。在明代“羊城八景”中，与越秀山相关的景致为“粤秀松涛”与“象山樵歌”。清代“羊城八景”中，与越秀山相关的分别是“粤秀连峰”与“镇海层楼”。这些景色不再着眼于越秀山某一两处风景，而是一片完整的风景区，表明越秀山到明清两代已被作为风景区成片开发，而“镇海层楼”的入选则显示了镇海楼在明清两代数次重建之后愈加壮丽精致，其重要性和审美意义也更加深入人心。

在漫长的岁月长河中，越秀山从受尊崇的“王山”，逐渐成了可亲可近的风景游憩之地。山与城相伴相守，人类活动改变了自然，自然也反过来熏陶城市，广州人与越秀山的故事还在延续。

广州的“清明上河图”

珠江，这条长达两千三百余公里的莽莽长河，发源自云贵高原乌蒙山红土之中，自西向东奔腾而来，一路汇聚溪流、山泉，越六省、贯五岭，沿途交融七大支流，最终在珠江三角洲变幻为平缓宁静的悠悠江水，滋养着沿河两岸的金色稻田,珠江下游也因此成为富甲天下的鱼米之乡。

广州人依水而生，伴水而居。昼夜不息的珠江水，已深深融入“老广”的血脉之中，塑造了广州的烟火人间。历代以珠江风景为题材的诗词、画作比比皆是。广州博物馆所藏的清代木雕“广州珠江北岸风光”封檐板，在那个没有相机的年代，记录下广州人与珠江相伴相随的岁月。

封檐板，是指钉在房屋檐口处用于封闭檐口的木板。有了它，屋顶多了一丝灵动。当岭南地区进入阴雨连绵的日子，雨水可顺着封檐板滴答落下，从而保护了挑檐内部构件不受雨水侵蚀。

当人们从始建于明代的钱岗古村西更楼中发现这块封檐板时，它的创作者已无人知晓，只能推测它完成于1733年至1757年间，由三段组成。从左到右，依次镂刻了清代广州珠江沿江二十里的秀丽风光，上半部分表现的是清代广州城西郊、东郊的城市面貌，下半部分雕刻了繁忙的珠江水道。

画面中，广州西郊是五座起伏不一的山冈，以及两栋低矮的民居，小拱桥、石板桥、小摆渡、疍艇、炮台依次展开。再沿着珠江往东，广州的老城门归德门、花塔、镇海楼、海珠炮台、天字码头、东炮台、赤岗塔等一一浮现。画面描摹出的各种人物有四十九人之多：老翁在郊外的河边下棋、钓鱼；头戴礼帽、手握拐杖的洋人在天字码头伫立；担柴的人在山上疾步行进；放羊的年轻人在树下唱歌；身着戏服的人在进行舞狮表演；一个手拿扇子身穿长袍的男子，正面对低着头跪在地上的人大声训斥，很可能是早期粤剧表演的情景……

木雕图案中，出现了十三行商贸区和外国人的身影，在江上却没有发现一艘外国货船。也就是说当时可能正值商贸淡季，外国商船大都开船南去，只留看守货物的人。根据头戴斗笠、穿着较厚的人物判断，此时约为雨季，可以说这块封檐板是清代广州的“清明上河图”。

近代以来，珠江由于泥沙堆积，江面宽度早已大不如前，广州也开展了轰轰烈烈的市政建设运动，柏油路替代了曾经的青砖路，众多濠涌被填平，昔日渔舟唱晚的景象早已无处寻觅。但无论景物如何变换，珠江的万种风情和广州人的恋恋红尘，依旧为这座古老城市编织着新的故事，不断见证它的繁荣与未来。

< 清 『广州珠江北岸风光』封檐板 广州博物馆藏

大东门外的人间故事

贝壳，经历海水的洗礼，蕴含着海洋的精华，是大海馈赠给人类的礼物。广州濒临南海，千百年来伴海而兴，聪慧的广州工匠选取南海出产的各色贝壳，巧用其天然色泽、纹理和形状，精镂细刻，随形施艺，通过剪取、车磨、抛光、粘贴等工序，精心雕琢成贝雕工艺品，赋予这些海洋瑰宝新的生命。

广州贝雕作品题材丰富，田园牧歌、小桥流水、一花一木皆为能工巧匠取材灵感。清代广州城中百子桥河道两岸的繁华景象，便被贝雕工匠们精心记录下来，刻成贝雕艺术中的经典之作。

“百子桥”贝雕摆件用完整的贝壳雕刻而成，边沿圆润，外壁素身无纹，内壁正中则浮雕着百子桥的景象，桥上两名孩童嬉戏奔走，跟在身后的三位妇女或捧盒，或撑伞，形态各异。桥后山峦起伏，若干建筑隐现其间，仿佛笼罩在一片白茫茫的雾气之中。桥下河涌水波荡漾，从一片礁石之间缓缓流出，左边一艘小船正缓慢驶出，一人撑篙，还有两人正在忙碌地往船上递送货物。岸上有一间悬挂灯笼的古庙，门口几位妇人正持扇倚门而立，细声交谈，一位妇女则站于庙旁张望，庙后松树、柳树和竹林树影婆娑。河涌右边，一艘篷船正驶往桥下方，两人站立船头，一人手指前方，转头与身旁的人交谈，同船的还有两人位于舱顶，一人正在拉绳收帆，在其后方还有一位男子端坐着欣赏风景。岭南水乡的静谧之美在人物的举止间流露无遗，构成了一幅宁静祥和的画面。

广州城中的百子桥，其来历与清乾隆年间建造的一座育婴堂有关。《广州城坊志》记载："百子桥，在东门外育婴堂侧，原名百花桥，又名状元桥，建育婴堂时，改名百子桥。"清代广州的十三行商人，凭借"一口通商"的贸易优势，积累了巨额财富。为了体现"达则兼济天下"的理念，塑造亦儒亦商的形象，士绅、商人们纷纷响应官府倡议，开建善堂，通过社会劝化、赠医施药以及收留孤寡等善举接济困苦百姓。

育婴堂是善堂的一种，专门收养弃婴。清康熙三十六年（1697），两广总督石琳、巡盐御史沈恺曾等人发动多名盐商捐钱捐物，在广州城西的西关第七甫买下一座废弃的园林，盖起了广州第一座育婴堂。育婴堂的开办，让弃婴尤其是女婴，得到了妥善安置。然而，由于当时"重男轻女"思想的盛行，民间丢弃女婴的现象屡禁不止。该机构在西关存续了 90 多年，后因场地不够，无法容纳越来越多的弃婴，最终迁址东山。

< 清 贝雕广州『百子桥』人物故事图摆件 广州博物馆藏

清乾隆七年（1742），广州盐商沈宏甫捐赠千两白银，征得地方官府同意后，在大东门外百花桥附近购置20多亩地，盖起了新的育婴堂。这座育婴堂，仅房间就超过300间，收养的婴儿一度达到600名之多，其中不少是因父母无力医治而被送至此的病婴。为了更好地照顾这些孩子，官府还先后任命广东中医世家杨继香、杨鹤龄父子出任育婴堂官医生。此外，还雇用了专职奶妈，以确保育婴堂的婴儿能有充足的“口粮”。

正是由于育婴堂的存在，以及人们对人丁兴旺的美好祈愿，百花桥后改名为“百子桥”。依据现存于广东省档案馆、绘制于1900年的粤东省城地图，昔日的百子桥大约位于今广州大东门外东较场的东南侧，而紧邻其东侧的是育婴堂。

育婴堂于民国元年（1912）停办，随后百子桥也逐渐废弃。如今，与中山二路相连的百子横路，还依稀留存着当年百子桥的一丝痕迹。关于百子桥的故事与美好祈愿，仍然留存在老广州人的记忆中，甚至不少长者在其儿孙结婚时，还会叮嘱新人花车一定要走百子横路，寓意“百子千孙”。

任世间斗转星移，时日变迁，不变的是广州人对美好生活的孜孜以求，如同贝雕艺术一样熠熠生光，经久不衰。

沙面岛上的西方建筑

沙面建筑群

在广州老城区西南角，有一个面积仅 0.3 平方公里的椭圆形小岛——沙面。沙面原是一片沙洲岛，名叫“拾翠洲”，是珠江冲积而成的沙洲。小小的沙面岛上一共兴建了一百多座欧式风格建筑，包括英、法、美等国的领事馆，以及教堂、银行、邮局、电报局、商行、医院、酒店、俱乐部、酒吧等近代建筑。漫步在沙面，鳞次栉比的欧洲风情建筑沿街矗立，沙面因此被誉为“欧陆建筑博物馆”。

这些建筑大部分具有明显的西洋建筑风格和特色，涵盖巴洛克式、哥特式以及英国新古典式风格等，如海关红楼属于英国浪漫主义风格；露德天主教圣母堂采用哥特式的尖塔门楼、尖拱门窗；原汇丰银行采用了罗马式多立克柱式，属于古典复兴式风格，给人以庄严稳重之感；美国领事馆则是早期现代主义风格的代表，外立面装饰简洁，外廊方柱粗大，直通上下，站在建筑前往上看，可以看到现代建筑的“方盒子”形象。

早期沙面建筑大多是小型的建筑，多采用高两层、两坡顶、设外廊等设计，体现了英、法等国在亚洲殖民侵略时的建筑风格。中期沙面建筑兴建了银行、洋行、公司等

∧ 露德天主教圣母堂

＜ 汇丰银行旧址

< 沙基惨案"毋忘此日"纪念碑

大型建筑，在一幢建筑的立面上，既有庄重的西方古典主义的柱式，又有充满动感的巴洛克式塔楼或柱头装饰，坡屋面还铺设广州地区传统的陶筒板瓦，是“仿古折中主义”的代表。后期的沙面建筑转向较简洁的立面，只在个别地方保留西方传统的符号，但室内装饰仍坚持古典式，反映了沙面建筑从仿古的折中主义向简洁的现代主义过渡的特征。如此风格各异的西洋建筑群，集中在一个小岛上，在全中国尚属罕见，其中蕴含着丰富的历史价值、科学价值和艺术价值。沙面建筑群是近代中国建筑史上不可缺少的研究对象，走在古树繁茂、光影婆娑的沙面大街，历史在这里凝固，又在这里延伸。这些建筑成为今人了解近代广州，甚至了解近代中国历史的“教科书”。

清咸丰六年（1856），英帝国主义军舰侵入珠江，随即爆发第二次鸦片战争，后中英签订《天津条约》。随后，英法两国凭借着不平等条约，强迫两广总督填筑沙面岛作为英法的租借地。沙面租界设立后，英法帝国主义便以它为据点，对中国进行政治、经济、文化侵略。他们利用攫取的治外法权、领事裁判权等特权，在广州胡作非为，欺压百姓。

清光绪九年（1883），中国搬运工罗亚芬在英国轮船“汉口号”上被踢伤，落水身亡，引起广州民众的极大愤慨。民众自发冲入沙面焚烧洋房，这就是“罗亚芬事件”。

1925年6月23日，广州各界十万民众举行反帝示威大游行。当队伍经过沙基时，沙面租界的英法军队突然隔着沙面涌用机关枪对着群众扫射，顿时血流成河，涌水为之变赤，酿成震惊全国的“沙基惨案”。1926年1月，政府将沙基改筑成马路，定名为“六二三”路，并在沙面涌西桥头立沙基惨案纪念碑，正面刻有四个大字——“毋忘此日”。

1946年，中国政府正式收回沙面。

沙面建筑群，见证了广州人民反帝斗争的历史。今天的沙面，集历史、文化、自然于一体，是广州最热门的景点之一，也是体现广州文化与艺术的地标之一。如今前往沙面一般会经过“六二三”马路，走过英烈之路，进入沙面大街，一座座建筑在绿荫掩映中静静矗立，每一栋的背后都有一段无法忘却的历史。

西关大屋骑楼街

穿行于广州市荔湾区宝华路、多宝路、逢源街一带，一种特殊的民居——西关大屋不断映入眼帘，它们有着“广府传统建筑瑰宝”之美誉。

荔湾旧时称西关，清末民初时，名门望族、官僚巨贾聚集于此，纷纷斥资建造西关大屋。

西关大屋多为砖木结构，青砖石脚，高大正门用花岗石装嵌，高大明亮，厅园结合，装饰精美。其平面布局按中原传统的正堂屋形式，基本上是纵深方向展开，通常占地面积大，建筑样式多为中式，代表着当时广州文化潮流的最前沿。与其他房屋相比，西关大屋有着许多不同的地方。其中，最为讲究的要数西关大屋的门，它是由矮脚吊扇门、趟栊和大门组成的“三重门”。临街的第一扇门叫矮脚吊扇门，为四扇对开小折门，通风采光之余又可当作屏风；中间的第二扇门是趟栊门，由十余根圆木条组成，犹如一个可活动的栏栅，横向开合；推开这扇“趟栊”，后面才是真正的大门。

走进西关大屋，由前而后依次为门官厅、轿厅、正厅、内厅和内房等，同时穿插着天窗、冷巷、天井、小院等结构，它们的巧妙布局组成了完整的自然通风系统，能有效形成穿堂风，达到通风、隔热、防晒、防潮等效果，特别适合广州炎热、潮湿、多雨的气候。

在不同的房间里，红、黄、蓝、绿、紫、金等不同颜色都有其一席之地，且变幻莫测。这是光线透过西关大屋特有的广式玻璃窗呈现出的色彩斑斓的效果。广式玻璃窗是欧洲平板玻璃工艺与传统中式窗棂的创新融合，五光十色的玻璃窗营造出绚丽典雅的氛围，成为当时广州民居中最亮丽的一道风景。

在宝源路的一些西关大屋，还能看到罗马柱、铁艺装饰、古典山花等西方建筑元素穿插其中。如宝源路的“明勤第”，大屋正面联排窗户由四条爱奥尼柱式及拱券组成，檐下、栏板均有卷草花卉装饰纹样，顶层女儿墙中部则以山花装饰，属于典型的中西合璧建筑，独具韵味。

近代广州城市建设中独树一帜、深受人们欢迎的骑楼，比西关大屋稍晚出现，也是清末民初广州地区出现的一种新式建筑。19 世纪初，这种被称作“骑楼”的建筑形式因可以挡避风雨侵袭和炎阳照射，风靡香港和东南亚地区。后来时任两广总督张之洞提出，临街修筑可以遮阳挡雨的行栈长廊，以利商人和市民交易，这种“铺廊”，即被看作广州骑楼的雏形。

民国时期，骑楼开始在广州大量修建。骑楼多为两层

< 西关民俗馆、广式玻璃窗

∧ 北京路科技书店哥特式骑楼

< 文德中路与万福路半圆形骑楼

结构，二楼一般是居住的地方，楼下则利用柱廊空间设置店铺，人们沿着走廊行走，不仅可以购物，还不用担心日晒雨淋。南方的天气说变就变，“落雨大，水浸街”，骑楼建筑形式正好应对了广州特殊的气候，又与街坊们的生活习惯和情调十分契合，因此得到大家的认同与喜爱。广州就这样变成一座骑楼城市，并迅速出现融合中西元素的混搭风格骑楼，如文德路与万福路转角的半圆形骑楼、北京路科技书店的哥特式骑楼等，这些骑楼成为近代广州城市建筑的一大亮点。

广州这座城市融合了不同时期与风格的楼宇房舍，西方建筑艺术与南粤本土建筑特色交相辉映，不同时期的历史文化和人们的生活方式由此显现。如今漫步在广州老城区，总能在不经意间见到各式骑楼，百年前的建筑文化未曾远离，而西关大屋则伴随着老一辈广州人的记忆，静谧隐于西关的街巷之中。

第二章　文脉：纳四海新风

远在六千年前，百越先民已在南粤大地上繁衍生息，因应温暖湿润、高温多雨的气候，他们干阑巢居、习舟善水、断发文身、拔牙鸡卜。金兰寺遗址、狮象遗址、横岭遗址、陂头岭遗址、鹿颈村遗址…… 一系列重大史前考古遗址的发现，提供了最鲜活的岭南远古人类生活图景，是今天考古学家们探索“何以岭南”的重要根基。

公元前214年，秦平岭南，岭南被正式纳入中央王朝版图。秦末中原战乱，赵佗据有岭南，建立南越国，全力推动中原先进文化和农业技术，和辑百越促进民族融合，岭南地区进入第一次大开发时期。

此后两千多年，北靠五岭、面朝南海的岭南大地，在历史长河中逐渐发展成为中华文明与海洋文明交汇的重要枢纽，本土文化与中原文化、域外文化持续交流融合，造就了海纳百川、开拓创新的岭南文化，成为绚烂多姿中华文明的重要分支。

珠江南岸的杨孚井、越秀山下的三元宫、岭南佛教丛林光孝寺、珠江岸边的石门贪泉、现存最早有纪年的端溪名砚、苏东坡题“六榕”碑记、遍布城内外的明清古书院、岭南画派发祥地十香园……如繁星点点，熠熠生辉，揭示了这座历史文化名城文脉的厚重隽永、源远流长。

物华天宝之地，自然也人杰辈出。杨孚、葛洪、慧能、张九龄、余靖、崔与之、陈献章、湛若水、屈大均、朱次琦、黄遵宪、孙中山等南粤先贤，共同铸就了报国爱民、务实进取、敢为人先、传承创新的广州人文精神。

六千年积淀的厚重文脉，浸染着岭南儿女，这也是这座城市的自信之基、力量之源。

六千年岁月峥嵘，昔日的文明灯塔照耀新的征途，熠熠星光，闪耀在我们前行的路上。

广州最早的贝丘遗址

在广州东部有一块沃土，那里曾孕育了一段约六千年前不为人知的史前文化。它是广州目前考古发现年代最早的贝丘遗址，为我们揭示了广州史前居民的生活、生产和丧葬等习俗，为研究珠江三角洲的变迁提供了重要的实物资料，它就是增城金兰寺遗址。

钟石开在《金兰寺贝丘遗址》中写道："金兰古寺贝丘前，寻得雷蚝证海边。道是四千余岁事，弯船煮蚬在当年。"生动诠释了金兰寺的历史底蕴。

金兰寺遗址地层堆积非常丰富，涵盖了新石器时代晚期、战国、宋至清代等多个历史时期的文化层，蕴藏了深厚的历史信息。其中备受学者关注的是新石器时代晚期贝壳堆积层，即考古学家俗称的贝丘遗址。它是岭南沿海、沿河地区古人类居住遗址的一种，因地层中遗留大量水生贝类壳体而得名。

作为河岸型贝丘遗址，金兰寺遗址层层叠压着贝壳、鱼骨、龟甲等海产品，其中仅鱼类就发现有 15 种以上，包括丝鳍海鲶、棘鲷属等。一般而言，河岸型贝丘遗址出土贝类应为淡水贝，而不应该有海洋贝类的出现。金兰寺遗址位于广州东部的增城区，此处并不近海，但遗址内却发现了丰富的海产品堆积，极有可能是海岸线发生了变化所致。此外，金兰寺还发现了鹿科、猪、豺等哺乳动物，这些丰富的食物遗存，鲜活重构了约六千年前“广州”人丰富的饮食图谱。

那么，以捕鱼、采集、狩猎等方式获取食物的金兰寺居民，究竟是怎样的一群人呢？在金兰寺遗址发现了新石器时代晚期和战国时期墓葬，包括新石器时代晚期墓葬44座、战国时期墓葬2座，出土保存较好的古人类遗骸43具。新石器时代晚期的墓葬中出现了直肢葬和屈肢葬葬式混合的情况，这种混合葬式在环珠江口以至岭南地区都十分罕见。此外，还发现了属于外来文化的拔牙习俗，以及使用陶鼎、陶豆、陶釜、贝玦、石环等器物的碎片进行碎物葬的现象。这些考古发现反映了先秦时期环珠江口地区人群迁徙、种族融合、文化多样性共存的特点。

金兰寺遗址还发现了古水稻田遗存，这是岭南地区首次考古发现且年代最早的古水稻田遗存，对研究岭南地区水稻种植历史等意义重大。

时间回到6000年前，金兰寺先民们在此安居乐业，通过制作石器农具从事农业生产，还用石斧、石刀等在山野间捕猎，并以丰富的水产品为食，吃蚝，煮蚬，悠然自在。随着时光推移，世代交替，沧海桑田，先民们在此劳作休憩，始终以包容的心态接纳着远方的客人和文化，留下了最早的广州人海纳百川的实证。

＜ 新石器时代 金兰寺遗址出土陶豆、陶釜 广州市文物考古研究院藏

^ 新石器时代 金兰寺遗址出土淡水河蚬 广州市文物考古研究院藏

珠三角的史前先民

狮象遗址

岭南在史前文化阶段孕育了“聚三江、海陆通衢，经三代、岭南出都会”的地理优势，形成了易于交流的文化格局。五千年前的岭南大地，不同的文化在这里交流融合，交相辉映，孕育着早期的珠江文明。

1984 年 10 月，文物爱好者在从化区流溪河流域的一处遗址中发现了一件新石器时代晚期的石器，这是一种石质刮削器，是先民使用的一种万能小工具。它打凿精细，犹如鳞甲，四周坚利，中央厚平，制作技术已达到了比较高的水平。考古学家通过这件石器，确认了遗址所属年代，由于南靠一座似狮又似象的天然石灰岩山体，该遗址被命名为狮象遗址。约五千年前，一群先民在这里滥觞、繁衍、壮大，随后又静静地消失在历史的长河中……

在古代岭南，珠三角与南岭以北的文化交流，主要通过水路，与粤北乃至石峡文化的交流，也主要通过流溪河流域。可以说，流溪河是粤北文化进入珠三角的“桥头堡”，这一流域是广州先秦遗址分布较为密集的地区，是探索岭南文化的重要源头。在流溪河流域先后发现了狮象遗址、横岭遗址两个重要的史前考古遗址，为广州地区早期人类活动提供了考古实证。

狮象遗址位于狮象岩与流溪河之间的河岸台地上，考古人员经过多次发掘，发现了新石器时代晚期至商代灰坑、墓葬、柱洞等遗址，出土陶罐等遗物，以及多种打制石器，如石锛、石斧、双肩石斧等，还有少量印纹陶，根据分析，应为新石器时代晚期之物。

狮象遗址灰坑中发掘出了碎陶片、石器等生活垃圾。灰坑有的是多坑相连，有的是新灰坑覆盖了旧的。如此密集的灰坑表明，该遗址在四千年前曾有频繁的人类活动，且群居规模较大。其中不少遗物，如颇具北方风格的石戈，反映了先秦时期广州与其他地域文化交流融合的情况。在上层出土的文物中，还有战国时期的水波纹陶缶，汉代的细方格纹陶罐、陶壶和唐代的青釉四耳罐，展现了不同历史时期人类在该地生活的痕迹。这些发现为广州地区的考古编年和历史重构提供了重要的实物依据，对研究史前时期区域文化交流交融情况具有重要的价值，进一步丰富了广州地区新石器时代晚期的考古学谱系。

比狮象遗址年代稍晚的横岭遗址，位于从化区流溪河流域东岸，考古发掘 51 座新石器时代晚期墓葬，均为狭长方形竖穴土坑墓。墓葬分布的总体规律是：北部墓葬多且规模较大，墓坑较深，以随葬完整或可复原陶器为多；南部墓葬墓坑相对小且浅，随葬陶器有完整器和残器两类，

新石器时代 狮象遗址出土陶圈足罐 广州市文物考古研究院藏

新石器时代 横岭遗址出土石环、陶豆、陶釜 广州市文物考古研究院藏

多为陶器残片。从出土状态来看，这些陶器可能在随葬时就不是完整器，这种“碎物葬”的习俗，反映了这一地区流行二次葬的习俗。

出土的遗物中，陶器有直领矮圈足罐、圜底釜或罐、鼎、豆、纺轮等，石器有锛、镞、凿、环等，玉器有镯和环，随葬石器以锛比较普遍，多数为一件，且出土玉环、玉镯、陶纺轮者未出土锛、镞，体现了墓主性别的差异。横岭遗址墓葬规模大小和随葬品丰俭情况已有不同，暗示贫富差距和等级分化已经开始出现，墓主人的身份等级存在一定的差别。

横岭遗址中几何印纹陶的发现具有重大意义。这是一种高温烧造拍印几何纹路的陶器，大约从六千年前的岭南古椰遗址阶段开始出现，到横岭遗址时期广泛使用。在之后的四千多年间，广东几何印纹陶与良渚文化几乎同时期开始向外输出，传到了江西、浙南、闽北等地。也就是说，在几何印纹陶文化区，岭南占据发端性的地位。

横岭遗址还有以琮、环、镯、钺、圭等为代表的玉石礼器涌现，这与石峡文化甚至良渚文化的南渐有关，文化因素可能源自长江下游的环太湖地区。

以上种种足以说明，以广州为腹心的珠江三角洲，在距今五千年前左右的史前阶段，和长江下游的文化交流是双向互动的。“自交趾至会稽七八千里，百越杂处，各有种姓”的“百越”文化圈的形成应该是从这个时候开始。

远至长江流域的良渚文化,近到粤北地区的石峡文化,诸多文化因素在此交融、留下痕迹，成为探索岭南地区从原始社会到秦汉以前的社会文化发展的一把重要钥匙。

先祖们的聚葬之地

先秦时期的岭南，百越人组成大小不一的部落，逐水而居。勤劳朴实的百越民族，虽然没有属于自己的文字，但是凭借独特的创造力，形成了岭南独有的几何印纹陶体系，以及神秘而奔放的本土习俗，交织绘就了岭南早期文化的图景。

位于广州市黄埔区的陂头岭遗址，目前已明确存在新石器时代晚期至夏商之际和战国中晚期至西汉南越国早期两类文化遗存。其中，考古学家在后一类遗存中发现了一片规模宏大的早期越人墓群，共清理出 36 座墓葬。

墓葬分为小型和大中型两大类：小型墓葬均为长方形竖穴土坑墓，地表封土不明显，不带墓道，墓坑底部不铺石子或河沙，个别可见棺或椁的板灰痕；大中型墓葬都是带墓道的“凸”字形竖穴土坑木椁墓，地表有相对高大的封土、墓葬顺山体走势排列、墓穴埋深较浅、墓坑底铺石床等葬俗具有明显江浙土墩墓的风格，反映出强烈的越文化的族属特征。通过一些大中型墓葬的棺椁设置，还能看到岭北楚文化的因子，反映出楚越交融的态势。

此外，墓葬有明显封土，封土边缘埋有祭奠性质的陶瓮，陶瓮以米字纹、方格纹、弦纹、水波纹以及素面的硬陶瓮、罐、瓿、盂、盒、杯为主，也有少量软陶的罐和瓿。这一葬俗具有典型的越文化特征。

岭南地区的早期越人已经显示出善于学习和吸收不同地域文化的特点，来自粤东、粤北、粤西的百越先民，沿着珠江，踏水而来，汇聚在珠江三角洲。这些多元文化的特点，在陂头岭越人墓群考古中可见一斑。

陂头岭遗址发现的两期文化遗存，不仅是广州地区的重要考古发现，也是珠三角乃至岭南地区至为重要的考古发现，对研究新石器时代晚期到南越国时期的历史文化具有重要价值。它的发现，对重构岭南早期历史，尤其是回答“何以南越国”“何以广州”等问题提供了更为丰富、更为鲜明的资料。

< 新石器时代　陂头岭遗址出土陶豆　广州市文物考古研究院藏

> 战国至西汉　陂头岭遗址出土陶瓮　广州市文物考古研究院藏

< 战国至西汉　陂头岭遗址越人铺石子墓

三千年前广州人

南沙，作为广州最年轻的行政区，拥有独特的地理环境。早在先秦时期，就已有先民栖息于此。揭示这一秘密的，正是位于南沙的多个先秦考古遗址，其中鹿颈村遗址向世人展现了三千多年前珠江入海口的地理环境，呈现出人与自然和谐相处的景象。

鹿颈村遗址发现于20世纪90年代初，总面积1万多平方米，地处大角山坡脚，属于三面环山的海湾边缘地带，累年的堆弃和泥沙的淤积使得这里逐渐升高形成沙丘。

鹿颈村遗址包含新石器时代晚期、商代、唐宋、明清等不同时期的文化堆积。其中尤以商代遗存最为丰富，发掘出土了大量的陶器、石器、骨器、蚌器等，掺杂在由碎石、红烧土块、兽骨、贝壳形成的商代堆积中，一些生活废弃物品还保持着当时堆放的形态。出土遗物中，数量最多的是陶器，多属生活用品，有用于炊事的圜底釜、储存或盛水的罐、饮食器皿中的钵和盘、器物支座、纺轮等。石器制作得十分精美，品种包括石斧、石锛、石铲、石刀、石镞，还有一些由兽牙和贝类制成的装饰品。从出土的生活用具和生产工具可以看出，当时人们以定居的方式生活，采用农耕和渔猎相结合的方式来满足生活需求。

从鹿颈村遗址的诸多遗迹遗物中，人们可以感受到三千多年前珠江口居民的生活日常。鹿颈村地理环境优越，动植物资源丰富。人们使用着纹路精美多样的陶器和便于农耕渔猎的工具，利用采摘、种植、捕猎等方式获取食物。他们也注重装饰与打扮，穿着用树皮纤维做成的衣服，戴着一些兽牙、贝类制成的装饰品，可见他们已在满足基本生存的同时，产生了对美的追求。

考古人员在鹿颈村遗址东南部的早期文化层堆积中，发现了一座保存基本完整的商代墓葬，并将其整体搬运到实验室中。遗存中的成年男性身高 1.7 米左右，寿命在 45 岁左右，骨架保存基本完好，头朝东南方向，仰身直肢，双臂并拢，右手置于腹部，左手压在臀下，右腿斜依左腿，留出空间放置随葬陶器。这是广州首次出土三千多年前的完整人骨架，经专家鉴定，该具人骨架属于亚美人种，中国社科院考古所专家根据该骨架复原出头像，将其命名为广州“南沙人”。同时，这也是广州目前经科学论证最早、所知最详细的现代人，对了解和研究南沙人的社会生活面貌及所处自然生态环境、辨别人种归属，意义重大。

南沙，曾是广州先民日出而作、日落而息的家园，南沙人在这里耕作、捕猎、制陶、织衣，为获得丰盛的海鲜和走兽奔走相告，也在果腹的同时通过各种饰物悦人悦己。

＜新石器时代　鹿颈村遗址出土双肩有段石锛　广州市文物考古研究院藏

＜『南沙人』复原像

< 新石器时代 鹿颈村遗址出土骨镖、骨针 广州市文物考古研究院藏

沧海桑田，唐代时南沙是海湾，海面辽阔，岛屿与丘陵星罗棋布；到了宋代，形成了沙洲；随着时间的推移，海岸线发生了变化，大量的泥沙逐渐淤积，最终形成了坦洲、陆地。

南沙的历史和地理特点，不仅体现了自然力量的磅礴，更是人与自然和谐共生、相互促进的历史见证。

秦戈与岭南

公元前 221 年，秦统一六国后初并天下，建立起统一的中央集权制国家。为进一步完成统一大业，公元前 219 年秦发兵岭南，五年后征服岭南设桂林、南海、象三郡。南海郡以番禺（今广州）为郡治，任嚣担任郡尉，赵佗为龙川县令。岭南地区首次被纳入中央王朝政治版图，这是岭南开发史中极为重要的一页。

秦军对岭南先后进行了两次声势浩大的军事行动。在南越国时期墓葬中发现了不少与秦军南下有关的兵器，其中铜戈是较为常见的兵器。

相对于刀剑，人们对戈比较陌生。所谓的“化干戈为玉帛”，以及“武”“战”等字，均与“戈”有关。戈是流行于商代至汉代的一种格斗兵器，最早出现于先秦时期，可横击，又可钩杀，后因作战需要和使用方式不同，分为长戈、中戈、短戈三种。秦汉时期岭南地区所见的戈多为短戈，这与岭南地理环境适合步兵作战有关。戈形制尺寸多样，常见的戈大致由“缘”“内”“胡”三个部分构成，“缘”是横着的兵刃，“胡”是横刃的下刃，向竖直方向弧曲下延出来，“内”指把柄部分。

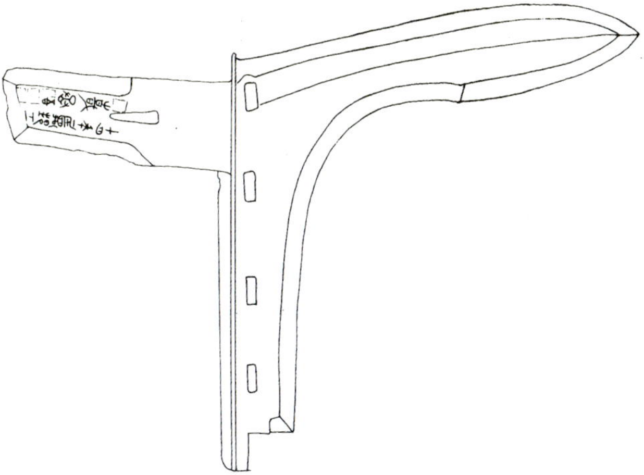

秦『十四年属邦』铜戈 广州博物馆藏

< 战国 “张义”铜戈 南越王博物院藏

岭南地区出土的秦汉铜戈极少见铸刻文字，目前仅有两件刻有秦纪年的青铜戈，分别出自两座墓葬。

一件铜戈于1962年在区庄螺岗的一座秦代木椁墓出土，上面刻有“十四年属邦工□□蕺丞□□□”铭文，笔画细如发丝，磨蚀严重，但幸好关键几个字尚能辨识。形式、铭文体例、字体结构都与湖南长沙秦墓出土的“四年相邦吕不韦戈”和《三代吉金文存》《金文丛考》中著录的“五年吕不韦戈”相同。从铭文推敲，既称“属邦”，又不避汉高祖刘邦名讳，当为秦军之物；“十四年”为秦始皇十四年（前233），而秦军平定岭南，发生在秦始皇三十三年（前214），可见此铜戈是由秦中央督造并为入越秦军配备的兵器。

另一件即“张义”铜戈，1983年考古出土于南越文王墓。该墓共发现四件铜戈，其中东耳室出土了包括“张义”铜戈在内的三件。“张义”铜戈器型与关中地区所出秦戈相同，铭文格式也具有秦兵器特点。戈内共有三行铭文，铭有“王四年相邦义”等十九字，“义”古通“仪”，张义即战国纵横家张仪，“王四年相邦义”即秦惠文王更元四年（前321）由相邦张仪督造。此外，戈内第三行有“贱工卯”三字，应为铸造此戈工匠自称，印证了秦国兵器采用“物勒工名”的制度。这件铜戈随秦平南越的将士来到岭南，并在赵佗建立南越国后，作为传国礼器珍藏于王室，可能被用作举行礼乐时的仪仗器，故而与酒器、乐器等一同随葬于南越文王墓东耳室中。

这两件珍贵的带铭铜戈以罕见的铭文清晰记载了来源，其明确的纪年、统一的形制以及物勒工名的规范管理，说明秦国在大一统过程中，建立了强大且规范的武备制造体系。这两件铜戈作为秦国强大军事实力的代表，见证了秦始皇统一岭南的军事行动，也见证了中原文化影响岭南地区的过程。

南越王宫的档案

南越文王墓

关于南越国历史，最初人们只能通过《史记》《汉书》数百字的记载初探其貌。随着以南越文王墓、南越国宫署遗址和南越国木构水闸为代表的南越国遗迹的发掘，世人对南越国的认知逐渐丰富起来。

2004 年，考古人员在南越国曲流石渠遗迹西北处的一口渗水井内，清理出百余枚南越国木简。这是自 1995 年南越国宫署遗址发掘以来首次发现竹、木简牍。这批珍贵的南越简牍，不但改写了岭南无简牍出土的历史，更是第一次以出土文字的形式证实和扩展了今人对南越国史的认知，并具有极高的书法艺术价值，被誉为“岭南第一简”。

这批南越木简写于何时？木简中有一枚“公主简”书有“廿六年十月”。根据汉初纪年方法，以皇帝在位时间计算，汉武帝定年号以前，汉朝未有皇帝在位超过 26 年，而南越国内也只有赵佗在位超过 26 年，“廿六年”应属赵佗在位期间南越国本地的纪年，故这批木简成文时间应在南越国早期、赵佗在位前期，时间上早于《淮南子》《史记》，是目前南越国考古遗址出土年代最早的文献。

从归属上来说，南越木简属于南越国王宫木简文书。木简出土于南越国王宫宫苑中的渗水井使用过程形成的堆积中，这一空间位置说明这些木简应该出自王宫。木简上的“陛下”“公主”“宫门”“守苑”“蕃禺”“南海”等文字，进一步证实了这批木简不是墓葬中的随葬品，而是官方的文书，且非一般县级的官方文书，而是王宫文书。这是首次在西汉诸侯王的都城、宫城之中发现具有王宫文书性质的“简”。木简记载的内容涉及职官、管理、刑法、赋税、养殖、饮食及从军等各个方面。经过清理，木简及碎片共计 136 枚，墨书文字共约 1200 字。其中大多内容为历史文献中少见或未见，不仅可补《史记·南越列传》等重要历史文献未载之事，而且对研究南越国及岭南早期历史也具有重要意义。

除了记录历史，南越木简还具有很高的书法艺术价值。秦汉时期，简省便捷的隶书开始流行，逐步取代了繁复华丽的篆书，出现了“隶变”，这是汉字由象形向符号化、笔画化转变的里程碑，是古文字与现代文字的分水岭。这些木简上的文字初现成熟的“汉隶”笔法，是研究秦汉文字的重要资料。

南越国作为距离秦汉帝国中心最远的地区之一，其木简的文字及体例与西汉时期的长沙马王堆汉墓竹简、张家山汉简、居延汉简等汉代简牍相近，词汇、文法也与中原

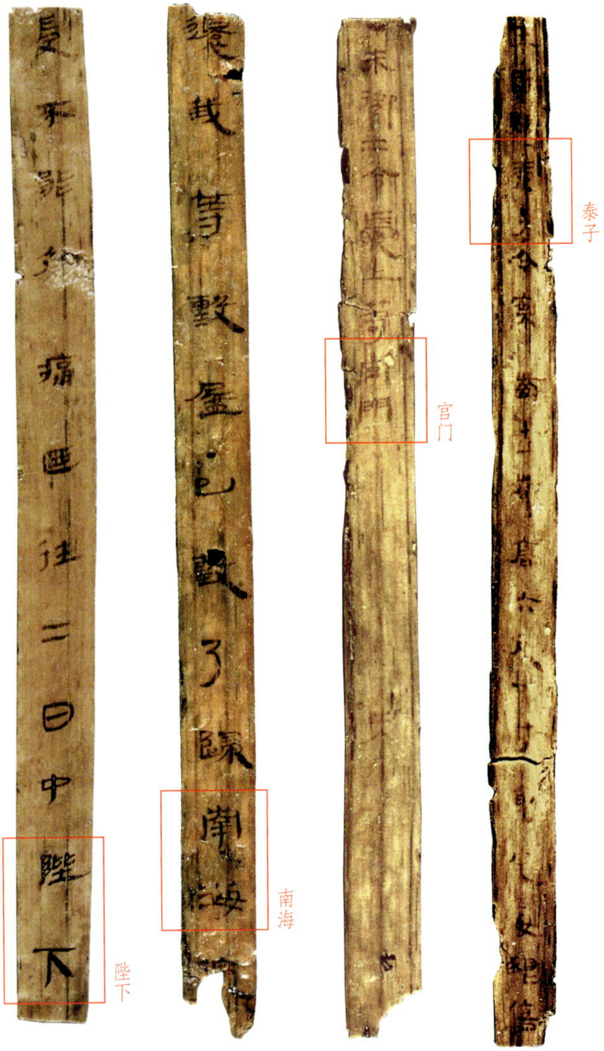

< 西汉　南越木简　南越王博物院藏

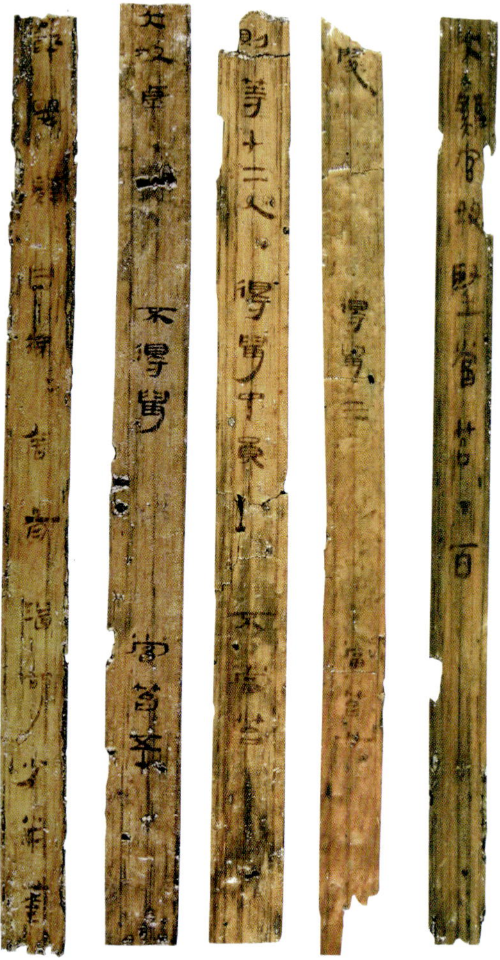

< 西汉 南越木简 南越王博物院藏

汉简相似，加之考古发现南越国都城、宫城遗址及南越文王墓的建筑形制、出土文物等文化载体与中原地区的同类遗存具有一致性，进一步实证了岭南地区在秦汉时期逐步融入华夏民族大一统体系的历史进程。

南越文王墓坐北朝南，南北长10.85米，东西最宽12.5米，建筑面积约100平方米。墓道是进入墓室的通道，墓门处筑有一长方形木椁室——外藏椁。进入墓室后按“前朝后寝”的布局分为前后两部分，共七室，功能各不相同。前部有前室、东耳室、西耳室，三室平面呈横长方形；后部有四室，主棺室、东侧室、西侧室三室平行纵列，主棺室的后端为后藏室。前室四壁绘有红黑二色彩绘卷云纹，象征着王室朝堂，随葬有“景巷令印”的殉人，此应为掌管王室家事的宦官；东耳室为礼乐宴饮用器的藏所；西耳室为储存生活用器、珍玩的库房；主棺室是整个墓葬的核心，为墓主的葬所，南越文王赵眛身着丝缕玉衣，以一棺一椁殓葬，随身陪葬了大量精美玉器、兵器，随葬印章实证了墓主身份；东西侧室为殉人居所，其中东侧室为墓主四位夫人的葬所，西侧室为墓主人奴仆隶役的葬所；后藏室是储藏食物和放置炊煮器、盥洗器的库房。

南越文王墓是岭南地区规模最大、保存最完好、随葬器物最丰富的大型彩绘石室墓，出土文物一万余件，包括玉器、金银器、铁器、青铜器、漆器、纺织品、琉璃制品

<
西汉
『文帝行玺』金印 南越王博物院藏

∨ 西汉 丝缕玉衣 南越王博物院藏

< 西汉 透雕龙凤纹重环玉佩 南越王博物院藏

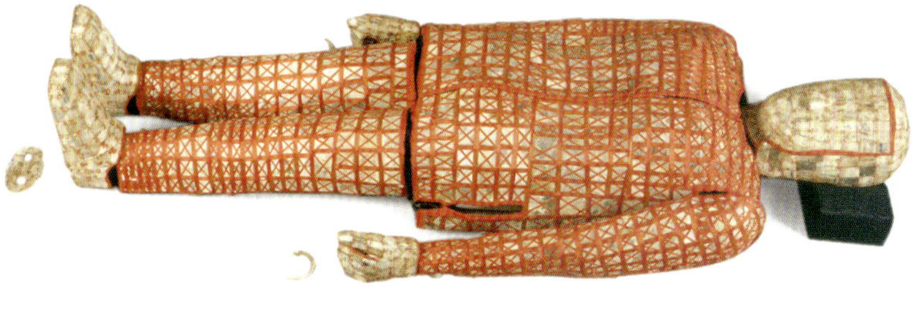

等，集中反映了两千多年前岭南的政治、经济和文化发展状况，是新中国成立以来岭南汉代考古的一个里程碑，也是研究秦汉时期岭南文化和中国多民族、世界多区域文化交流的宝库。

在南越文王墓出土器物中，玉器的种类最丰富、工艺最精湛，墓中出土玉器244件（套），多属软玉，玉质历经千年依旧温润有光泽。部分玉器构图奇特，打破了春秋战国以来中国玉器讲究对称的传统，反映了先秦至西汉时期玉器灵动、浪漫且大气的艺术风格。其中透雕龙凤纹重环玉佩以“龙凤呈祥”的完美构图体现了古代阴阳和谐的深刻文化内涵。南越王博物院的院徽造型就来源于此。

南越文王墓中出土金银器数量少、质量精，铜铁器数量多、种类全。金器以“文帝行玺”龙钮金印、“泰子”龟钮金印和“右夫人玺”龟钮金印三枚金印最为珍贵。“文帝行玺”龙钮金印是证明墓主人身份的关键物证，也是我国目前考古发现最大的一枚西汉金印。秦平岭南后，先进技术传入岭南，随之而来的还有各行各业的工匠和贸易交换来的铁器，南越国的金属冶铸技术由此得到发展。

南越国制陶业继承和发展了岭南地区几何印纹陶的制陶工艺，同时受到中原先进制陶技术和工艺的影响，开启了岭南地区古代陶瓷业发展的第一个高峰。南越国陶器多就地取材烧制而成，分为生活用器和明器。南越文王墓出土的陶器多以各种几何印纹的图案为主纹，用方格纹做地纹。

南越文王墓中发现了种类丰富的丝织物，还出土了一套两件的铜印花版模。这款印花工具蘸上染料后，通过重复套印，在丝织品上印出规则的彩色花纹。马王堆汉墓中也出土了类似工具印染成的丝织物，可见当时南方地区的印染工艺已较为先进。

此外，南越文王墓中还出土了不少玻璃制品，包括22件平板玻璃、数以千计的小玻璃珠、玻璃璧和蜻蜓眼玻璃珠。经科学成分分析，南越文王墓出土的玻璃属铅钡玻璃体系，这与南越国邻近长沙国有关，汉代长沙国是中国玻璃制造中心之一。古籍中，玻璃又称“流离”“缪琳”“陆离”等，中国玻璃制造历史悠久，早在“汉通西域”之前，中国就发明了玻璃制造术，而中国玻璃的成分也区别于西方的钠钙玻璃，多含铅钡元素。

迄今为止，南越国墓葬中共出土了超过一千件漆器。由于气候潮湿和墓葬保存状况不佳等原因，这些漆器几乎无法完整保存。南越文王墓出土的墓主棺椁、漆木屏风、六博棋棋盘、漆木釦器等漆器，多为木质胎，色调以红黑为主，体现了汉代绮丽大气的审美。

南越文王墓还出土了一件错金铭文铜虎节，器身前后共有60片金片象征其斑毛，以及5个错金铭文，释读为“王

< 西汉 错金铭文铜虎节 南越王博物院藏

< 西汉 楚式铜鼎 南越王博物院藏

命命车驲”，从文字分析，虎节为车马通关之信符。这件器物具有典型的楚文化风格，此外，南越文王墓还出土了楚式铜鼎、山字纹铜镜等楚式器物，这些都是多元文化融合的象征。

总的来说，南越文王墓出土文物涵盖了秦文化、巴蜀文化、匈奴文化、南越文化、吴越文化、齐鲁文化、楚文化、海外文化等不同类型文物，在中国的汉墓中极为罕见。南越王的这些璀璨遗珍，充分反映了秦汉时期岭南地区融入统一多民族国家以及多元文化形成和发展的历史进程。

巷陌深处杨孚井

杨孚井

漫步在海珠区下渡路，穿过重重巷陌，在星罗棋布的自建住房之间，青砖映衬的居民墙外，一口近两千年的水井映入眼帘。这口井形制古拙，千年未枯。凿井之人是一位东汉时期的岭南名人，其名杨孚，因此这井亦有一个相当朴实的名字——杨孚井。

杨孚于汉章帝时期在都城洛阳担任议郎一职，作为一个土生土长的南海郡番禺人，能获得举荐北上京师洛阳，通过朝廷举办的“贤良对策”考核，官拜议郎，其过程相当不易。为官后，杨孚反对地方官搜刮、受贿等不正之风，主张整顿官场、清除腐败，得到了汉章帝的赏识。于是杨孚成为皇帝身边参政议政的近臣，踏上了东汉王朝权力中心的舞台。

杨孚的故乡与番禺城隔河相望，即今广州人俗称的“河南”（今海珠区）。相传杨孚晚年辞官后从河南洛阳归来，带来了河南洛阳的松柏并种在自家门前，谁料某一年这里竟雪花纷飞，这一景象被人认为是河南松柏之缘故，这个地方由此被称为“河南”。

由于广州近海，河水常常充满咸苦味，令人难以下咽。

嶺南遺書

異物志

漢南海　楊　孚　孝元撰

南海　曾　釗　勉士輯

金鄰一名金陳去扶南可二千餘里地出銀人民多好獵大象生得乘騎死則取其牙齒 御覽七百九十

穿胸人其衣則縫布二尺幅合兩頭開中央以頭貫穿胸不突穿 御覽七百九十

西屠國在海水以草漆齒用白作黑一染則歷年不復變一號黑齒 御覽七百九十

按海水疑當作海外漆齒當作染齒御覽黑齒國下引異物志曰西屠染齒亦以放此也可證此漆爲染之譌

異物志　十　粵雅堂校刊

狼臙國男無衣服女橫布帷出與漢人交易不以晝市暮夜會俱以鼻齅金則知好惡 御覽七百九十

按狼臙疑與藝文類聚事類賦引狼䐡爲一然臙御覽音燕又似別爲一國故並存之

瓮人齒及目甚鮮白面體異黑若漆皆光澤爲奴婢強勤力 御覽七百九十

雕題國畫其面皮身刻其肌而青之或若錦衣或若魚鱗 御覽七百九十

烏滸南蠻之別名巢居鼻飲射翠取毛割蚌求珠爲業無親戚重寶貨賣子以接衣食若有賓客易子而烹之 太平寰宇記一百六十四

《异物志》书影

< 杨孚井

于是杨孚在自家门前凿了一口深井。据记载，此井水质清洌，井水常年不竭，因此造福了当地居民，成为一段佳话。

杨孚除了为后人留下一口井，还为我们留下了一本重要著作——《异物志》。这本书不仅是南海郡人第一部学术著作，也是我国第一部地区性的物产专著，在中国方志发展史上占有重要地位。

两千多年前的广州，物产丰富，《汉书·地理志》记载“（番禺）处近海，多犀、象、毒冒、珠玑、银、铜、果布之凑”，西汉时期南越王曾向中央王朝进贡翠鸟、犀角、紫贝、桂蠹、孔雀等物产。汉并岭南后，还在南海郡设置“圃羞官”，专门掌管岁供果品，将广州及周边盛产的荔枝、龙眼、芭蕉、槟榔、柑橘等果品运送至长安“扶荔宫”栽种。得益于优越的水资源和独特的地理气候环境，广州成为秦汉著名都会之一，也是海外进口货物的集散地。

杨孚在《异物志》中系统介绍了汉代岭南动植物的种类和生长情况，上及陆地香蕉、荔枝、大象、孔雀，下及深海鲸鱼、鲛鱼、水母、玳瑁，可谓无所不包。不仅如此，他还记载了岭外日南、九真、交趾、珠崖等地物产，甚至远及东南亚扶南国等异国风土之物，这与当时海上丝绸之路繁盛有着密切关系，正是由于汉代番禺作为交通大港的重要地位，杨孚才能接触到各地异物。

《异物志》在宋代就散佚了，幸得清代南海人曾钊从

《齐民要术》《初学记》《太平御览》等书中辑录整合，才使后人能看到杨孚所记载的珍贵史料。杨孚晚年未踏出岭南，却写出《异物志》这样覆盖地域广袤、涉及知识渊博的不朽之作，是名副其实的岭南文化开拓者。

正如巷陌深处的杨孚井，静水流深，智者不言，成为历史沧海桑田的注脚，润泽一方。

泉本无贪人自清

明代学者洪应明在其著作《菜根谭》中曾说："功名富贵逐世转移，而气节千载一时。"是指功名利禄犹如过眼云烟，转瞬即逝，唯有个人气节能万世流芳。在越秀山广州博物馆镇海楼碑廊中，有一方"贪泉碑"，记载了一千多年前一位官员以清廉自持的故事。贪泉千年回响，时代风起云涌，几经起落，最能警示后人的，莫过于清正廉洁的本心。

这块留有岁月痕迹的碑刻，正中刻"贪泉"两个大字，书法古朴苍劲，碑上方刻有："晋刺史吴隐之诗：'古人云此水，一歃怀千金。纵使夷齐饮，终当不易心。'"碑左右记有款识："万历二十二年四月十日，郡人右布政使李凤等重立。"这块碑刻为明代万历间广东布政使李凤等人，因崇仰纪念晋代廉吏吴隐之而刻立，原本置于广州西郊的石门贪泉井旁，附近还有祭祀吴隐之的庙祠，后世因祠毁井湮，遂于1963年将该碑移置广州博物馆镇海楼碑廊保存。

该碑要从吴隐之其人其事说起。吴隐之，字处默，濮阳鄄城（今山东鄄城）人。两晋之际，北方战乱不已，吴隐之的先祖随大批流民南渡长江，侨居在东晋首都建康（今南京）。吴隐之十来岁时，父亲因病去世，他与母亲相依为命，家境寒素。他自幼好学，博涉文史，20岁左右时，受到邻人韩康伯的赏识推荐，出仕为官。吴隐之虽官越做越大，却对贫苦人家有着特殊的共情。他的俸禄除了维持日常生计，其余全部施舍济贫，隆冬腊月，不燃薪炭，仅披着棉被御寒。甚至女儿出嫁时，也只是简易操办。在淝水之战中大破前秦八十万大军的将军谢石听闻后，也情不自禁地感叹吴隐之是天下少有的清官。

由于吴隐之为官清廉，东晋安帝司马德宗任命他为龙骧将军、广州刺史。当时的广州，辖境包括两广地区大部，在天下大乱之际，可谓一方净土，包带山海，华蕃杂处，云集四方异珍，香料、珠宝堆积如山，以至于有谚语说："广州刺史但经城门一过，便得三千万。"广州历任官员有不少贪黩者，朝廷派吴隐之到广州，望其革岭南之陈弊。

东晋元兴元年（402）春天，正值广州城中繁花似锦，风光无限，吴隐之带着家人南下走马上任，途经城西北石门，此处是西江、北江交汇之处，走水路抵达广州者大多在这里上岸。码头附近树木郁郁葱葱，景色秀丽，有一眼清澈见底的泉水，可是当地人却给它起了个奇怪的名字——贪泉，传说只要有人饮用此水，便生无穷贪欲，再清廉的人也会变得贪财好物。

〈明〉『贪泉』碑 广州博物馆藏

貪泉

吴隐之听罢，不以为然，毅然掬水而饮，并赋诗一首，以明心志："古人云此水，一歃怀千金。纵使夷齐饮，终当不易心。"夷齐，指的是伯夷、叔齐兄弟在商朝灭亡后，不食周粟的故事，吴隐之正是以两位古人的事迹表明自己廉洁高远之志。吴隐之任广州刺史期间，果然不改初心，以身率下，史书上记载他"清操逾厉，常食不过菜及干鱼而已，帷帐器服皆付外库"，广州官场风气为之一变，连远在建康的晋安帝都对他由衷敬佩，下诏褒奖。

东晋元兴三年（404），此时偏安江南的东晋王朝已经摇摇欲坠，五斗米教术士卢循起事，寇掠南海，吴隐之率领士卒抵抗，经过一百多天的激烈战斗，广州城被攻破，吴隐之被俘，他的儿子吴旷之也战死沙场。此刻建康朝廷上，军政大权由后来的宋武帝刘裕所把持，听闻广州城失陷，刘裕专门致书卢循，允诺让他代理广州刺史，但是不要加害吴隐之，并遣送回京师。吴隐之这才得以释放，北归时一如南来赴任，两袖清风。平安返回后，吴隐之深受刘裕重用，一度被任命为度支尚书，掌握着国家财政大权，可他依旧生活简朴，告老还乡乃至去世时，廉洁之态一如从前。

为了纪念这位难得的清官，广州百姓将其所题的《酌贪泉诗》刻碑，竖立在贪泉之旁。此碑历经世事浮沉，几废几易，明万历二十四年（1596），广西右布政使李凤等人倡议，重刻此碑，立石于贪泉旁。这位李凤是广东番禺（今广州）人，嘉靖年间进士，一路在广西、福建等地为官，同样以清介自持，家里的仆从衣着稍微华丽一些，就会被痛斥。李凤其人其事，一如“清操愈厉”的吴隐之，两人虽隔千年，仍能彼此辉映。

人生处贫贱易，处富贵难，处可欲之地而不易其心更难。泉声依旧，贪欲不在泉中，而在心中，宋代在广州任地方官的方信孺云“泉本无贪人自清，何须一酌始忘情”。吴隐之、李凤等人，为官清廉，坚守初心，恪守情操，体现了中国传统文人内心的道义坚守，他们的事迹不会因时间的流逝而褪色丝毫，将被广州人世代传颂。

道教圣地三元宫

三元宫

在中国古代神话中，慈悲为怀拯救民间疾苦的各路神仙，往往受到万民敬仰。以肉体凡胎守护一方，大医精诚、妙手回春解除病痛者，同样深得民心。岭南地区就有一位鲍仙姑，传说她生前医术精湛，救人无数，去世后被人立祠祭祀，每逢有灾病，人们便不约而同到祠中祈福。

在广州越秀山南麓的应元路上，有一座历史悠久的道观——三元宫。三元宫前身是鲍姑祠，其创立要从东晋时期鲍靓及其女儿鲍姑、女婿葛洪说起。鲍靓，原籍东海郡，即今天江苏邳州一带。彼时当地盛行黄老之术，鲍靓因习得尸解术，在当地的名气越来越大，朝廷听闻便征召他为官。后来他被调到广州任南海太守，女儿鲍姑、女婿葛洪也一起来到广州。

当时城北象岗山有一座越王庙，原本用以祀奉赵佗，俗称北庙，南越国灭亡后，庙殿渐废。身为道家徒的鲍靓、葛洪、鲍姑三人见此景象，决定利用越王庙故址建越岗院，开设医馆行医济世。当时广州生活条件欠佳，当地人很容易长赘疣与赘瘤，鲍姑经过对岭南各地生长的各类中草药进行不计其数的试验后，就地取材，用越秀山野生红脚艾配以山下井泉为药引，辅以针灸，为人们治疗赘疣、赘瘤等顽疾。写于清代的《羊城古钞》曾绘声绘色地记载鲍姑治病时“每赘疣，灸之一炷，当即愈，不独愈病，且兼获美艳，无疤痕”，其精湛的医术让广州人对她爱戴有加。

鲍姑常常在广东的崇山峻岭、溪涧河畔采药赠送远近村民。《西华仙箓》曾记载，有一处叫萍花溪的地方，生长着一种解热疗毒的浮萍，当地人常见到一位妇人在溪边采萍，人们好奇地问她是何人，妇人回答她是鲍姑。一千多年前的一位妇女，能这样跋山涉水，采药行医，以救万民，实在令人钦佩。岭南各地至今仍广泛流传着鲍姑采药的各种传说，都把她当作仙人，称为鲍仙姑，她制的艾也被称为“神艾”。

东晋兴宁元年（363），鲍姑突然离世，去世时“容色若生人”。当地百姓为了缅怀她，还编织出了鲍姑与丈夫葛洪次第升仙的故事，并将越岗院改建为鲍姑祠纪念之。她用过的井被称为“鲍姑井”，又叫“虬龙古井”。

鲍姑祠几经兴废。明崇祯十六年（1643），朝廷钦天监来到广州巡察，见越秀山“气势雄厚”，依据堪舆之学，确认越岗院所在之处，为三台列宿照临的风水宝地，建议祠内改奉三元大帝，即天官紫微大帝、地官清虚大帝、水官洞阴大帝等象征着道家天、地、水三元的神仙。于是广州官绅集资塑三元大帝像于正殿供奉，把原来的鲍姑像移

三元宫
百粤名山
三元古观

八 三元宝殿

到偏殿，从此鲍姑祠改名三元宫。清初广州城数历兵燹，广东巡抚李栖凤、平南王尚可喜、靖南王耿精忠、总镇金弘振等到战乱过后的羊城，见三元宫是羊城胜地，特意嘱名书法家游显庭写了八个大字“三元古观，百粤名山”，刻木对联挂于门口，并相继扩建三元宫，这才有了今日规模。

三元宫吸引了众多香客，它承载着老百姓对美好生活的期盼。观中所供奉的鲍姑，受到岭南人的钦仰怀慕，被尊为神，给人以安慰、寄托和力量。这位悬壶济世的医师，历经千年沧桑，仍然闪耀着古代中国女性的美德光辉。

岭南名刹光孝寺

光孝寺

佛教大约在两汉之际传入中国，南北朝时期在全国广泛传播，并出现很多流派，至隋唐臻于鼎盛。岭南地区的佛教传播既受到中原地区的影响，又因地处南海之滨，很早就感受到来自印度的“海潮音”。

广州民间流传着“未有羊城，先有光孝”的俗语。光孝寺位于越秀区光孝路，创建于一千七百多年前的东晋时期，历史悠久，建筑宏伟。寺内荟萃了各时期佛教艺术的精华，有许多印度、东南亚的高僧泛海东来，驻锡于此传教译经。该寺亦是禅宗六祖慧能说禅受戒、开创禅宗南派之地，是佛教中国化的一处圣地。

清代顾光修编的《光孝寺志》记载，寺址初为西汉第五代南越王赵建德王府。三国时，岭南为东吴属地，东吴名士骑都尉虞翻在此谪居讲学，庭院多植诃子树，时人称为“虞苑”“诃林”。东晋安帝隆安元年（397），罽宾国（古西域国，大乘佛教发源地之一，今克什米尔）高僧昙摩耶舍在广州传教，建大殿，改名“王苑朝延寺”（俗称王园寺）。唐贞观十九年（645）改为“乾明法性寺”。南宋绍兴十五年（1145）称报恩广孝寺，绍兴二十一年（1151）

∧ 光孝寺大雄宝殿

改“广”字为“光”字，定名“报恩光孝禅寺”，简称光孝寺，沿用至今。

光孝寺自建寺以来多次重修。其坐北朝南，建筑规模雄伟，主要建筑有山门、天王殿、大雄宝殿、瘗发塔，其西有大悲幢、西铁塔、观音殿，其东有六祖殿、伽蓝殿、洗钵泉，再东有碑廊、风幡堂、洗砚池、东铁塔等。寺内建筑疏落有致，古木婆娑，巨榕如盖。

大雄宝殿为东晋隆安五年（401）罽宾国高僧昙摩耶舍始建，历经多次重修，至今保留了南宋时期的建筑风格，在中国佛教建筑史上具有很高的地位。寺内佛教艺术品荟萃，如1950年在光孝寺大雄宝殿大佛腹中发现的一批唐代佛教艺术品，包括铁佛像、木雕力士像、木雕罗汉坐像、木雕供养人像等，完好地保存了唐代精湛的木雕技艺和佛教艺术。

俗称“大悲幢”的大悲心陀罗尼经幢造于唐宝历二年（826），幢身八面刻“千手千眼观世音菩萨广大圆满无碍大悲心陀罗尼神妙章句”，章句内容为“大悲咒”两咒，为寺内现存石刻中年代最早且有绝对纪年可考者。

寺内现存元代所刻的祖师法性古像，是广州现存最早的石刻像碑，碑中的禅宗六祖慧能之像形貌拙朴，与六榕寺六祖铜像智慧超然的神态迥异。

东、西铁塔是我国现存最古老的大型铁塔。西铁塔为平面四边形、七层仿楼阁式铁塔，与东铁塔大致相同，上面四层已不存，现仅存三层。塔身密布佛像，极为珍贵，建于南汉大宝年间，既是南汉政权崇佛的物证，也代表了南汉年间高超的铸铁技术和佛教艺术结晶。

光孝寺是岭南乃至东南沿海地区佛教传播的重要场所。自东晋时罽宾国昙摩耶舍始，直至唐代，到光孝寺传教译经的有印度高僧求那罗跋陀三藏、智药三藏、达摩禅师、波罗末陀三藏、般剌密谛三藏等。历代中外高僧云集于此，译经传教，为在中国弘扬佛法不遗余力。7世纪初，“开元三大士”之一的不空受印度密法自海路至此初传密宗，后经数代高僧努力，唐密大兴，远播日本。此外，宋真宗大中祥符年间颁赐藏经，建轮藏阁奉经；明英宗正统十年（1445）颁赐光孝寺《大藏经典》，至今该寺还保存着许多珍贵的佛教典籍。

光孝寺还是禅宗六祖慧能谈禅受戒之地。唐仪凤元年（676），慧能在光孝寺与寺僧论风幡后公开身份、削发受戒，开创佛教禅宗南派，这在中国佛教史上有着重要的意义。寺内现存的明万历年间重刻唐代仪凤元年《瘗发塔记》碑记载了当年慧能在光孝寺谈禅受戒的过程，具有珍贵的史料价值。

作为中国沿海最早的佛教寺院之一，光孝寺以其悠久的历史和深厚的文化内涵，展现了佛教沿海路一步步传至中国并实现中国化的历史过程。

大吉大利鸡首壶

三国时期，壶肩一端饰一鸡头的青瓷壶，俗称鸡首壶，毫无征兆地从东吴地区开始流行，随之席卷今江苏、浙江、湖南、湖北、江西、福建、广东、广西等地，几乎涵盖整个中国南方地区。到了南北朝时期，鸡首壶的影响还远及北方地区，而且使用、随葬鸡首壶的习俗一直延续至两晋、南朝。不得不说，鸡首壶作为一类陶瓷器型流行地域之广、持续时间之长，在中国陶瓷史上并不多见。

在广州，考古发现的鸡首壶也不少。沙河顶一座晋墓不仅出土了鸡首壶，还出土了“太熙元年”纪年砖，这是广州发现西晋纪年墓中年代最早的一例；在龙生岗发现的一座晋墓，不仅出土了鸡首壶，还有“部曲将印”铜印，可见墓主是一位地方武装部队的将领；太和岗出土的南朝时期鸡首壶，器形愈加典雅大方，青釉制作也趋向成熟，可见细碎冰裂纹。

鸡首壶大多盘口、短颈、溜肩、鼓腹，鸡头形流饰于肩部一侧，流嘴呈筒状，鸡冠高耸，双目圆睁。其用途众说纷纭。目前考古发现的鸡首壶，其鸡头有大有小，有长有短，大多数鸡首与壶身并不相通，鸡首部位的流嘴并不能倒出液体，而仅仅是个装饰贴塑。针对这一特点，不少学者认为它属于明器，专门用于随葬，这从晋朝、南朝的墓葬中普遍发现其踪影得到了印证。《周礼》等文献记载，鸡与祭祀相关，鸡血更可驱恶辟邪。也有学者认为鸡首壶是一种兼具宗教礼仪功能的明器，类似于汉晋时期流行的鸡鸣枕。但也有少数的鸡首壶，首与壶相通，所以有部分学者认为，鸡首壶是古人日常生活的实用器。根据器型的不同，鸡首壶可用于盛酒、盛水、盛羹、盛酱等。三国两晋时期，饮酒风气盛行，涌现出曹操“对酒当歌”“煮酒论英雄”等典故，更不用说魏晋竹林七贤饮酒纵歌、肆意酣畅之雅事。这一时期涌现出形形色色的盛酒器和饮酒器，鸡首壶由此诞生也属情理之中。

在今人无尽的猜测中，鸡首壶出现的初衷或许更为纯粹。东汉许慎在《说文解字》中解释：“鸡，知时畜也。”鸡是人们日常生活中最常见的动物之一，无论是勤劳的农夫、怀揣抱负的学人，还是为谋生计的商人、追求政绩的官人，无不是闻鸡鸣而起。每日清晨的一声鸡鸣，便是充满希望的一天的开始。

鸡首壶，或许就是古人寄托纯粹美好愿望之物。

< 晋 青釉鸡首壶 广州市文物考古研究院藏

< 南朝 青釉鸡首壶 广州市文物考古研究院藏

<

南朝　青釉刻花鸡首壶　广州博物馆藏

端州石砚人间重

中国古代的读书人，终日离不开笔、墨、纸、砚，它们各司其职，供人挥毫书写，不知描绘出多少喜怒哀乐、风花雪月。唐代文学家韩愈更将它们亲切地喻作“文房四友”，引为书房知己。四友之中，砚虽然排次殿军，但它质地坚固，能世代相传，其受喜爱的程度为四宝之最。可以说，它身上凝结着文人的情操意趣，承载着千百年来的儒雅文脉。古砚有四大名砚的说法，甘肃洮砚、广东端砚、安徽歙砚、山西澄泥砚各领风骚，其中端砚独占鳌头。

端砚，产于古端州（今广东肇庆），藏于深山之下，与溪流共生，一千三百余年前唐初武德年间即已开采，其石质细润，不发水，发墨快，有“呵气成墨，滑如肌肤”之说。当时的大唐王朝，正值国家强盛、文教昌明，科考越来越成为知识分子跻身仕途的要径，与文人朝夕相伴、品质上乘的端砚，自然也为人们所垂青。流落岭南的刘禹锡对端砚一见倾心，感叹“端州石砚人间重”，诗鬼李贺用“端州石工巧如神，踏天磨刀割紫云”的辞藻赞美端砚。各地的文人墨客长途跋涉，不辞劳苦，云集端州，走街串巷，寻寻觅觅，只为觅得一方好端砚，端砚很快便“天下无贵贱通用”。

与后世端砚的繁复花纹相比，唐代的砚石往往以质朴取胜。1956年，广州市文物管理委员会在广州动物园一座晚唐墓中发现了一块尘封千年之久的端石箕形砚，于是，我国考古发现的最完整、最早的端溪砚之一就这样重见天日了。

这方朴实无华的端砚，形如簸箕，人们形象地称其为箕形砚。唐代研墨方式，大都为前后往返推拉式，所以唐代砚台常见这种造型。靠近砚首部位是凹槽，方寸之间足以储存墨汁，砚尾两侧向外撇，如同一个大写的“风”字，唐代文人又给这种砚取名为“风”字形砚。砚池的底部凸出着地，形似足跟，唐代人们席地而坐，砚台往往放在低矮的几案上研磨，砚有足才能四平八稳。唐中期后，高足家具崭露头角，砚台的使用也逐步由地上移到桌上，这种有足的砚式就渐渐消失了。

美砚难得，以情操自持更难得。端砚自开采以来，命运多舛，不少权贵对其垂涎不已。唐高宗永徽年间，权臣许敬宗贪图财帛，将自己的女儿嫁给岭南豪族冯盎之子冯玳，男方家如其所愿，送去丰厚聘礼，其中就包括端砚，由此引得京城人人议论，最后竟惊动朝廷要派御史调查。相比之下，他的同僚狄仁杰则很会体察民情，女皇武则天曾将刻有“日月合璧，五星连珠”图纹的端砚赐予他，狄

< 唐 端石箕形砚 广州博物馆藏

〈 宋 端溪抄手砚 广州博物馆藏

仁杰受赏赐后，得知采砚石工的艰辛劳动，便奏请朝廷减去端砚贡品数目。

北宋年间，端砚成为当时历任端州地方官结交权贵、讨好上司的“敲门砖”。端州官员每年都要挑选一些上好的石砚，供皇帝、勋贵使用，致使砚石开采无度。砚工需要在曲折的坑道中，匍匐前进，俯身作业，尽管这样，采来的砚石也仅有二三成可用。直到“包青天”包拯接任端州知府后，严格执行朝廷规定的贡砚数量，才让历年来不堪制砚之苦的砚工们和老百姓如释重负。包拯在端州任职三年，两袖清风，离任时“不持一砚归”，就连他平时在公堂上用的端砚，亦造册上交，其清廉公正，为历代传颂。

今天，当我们静静欣赏这方古老的端石箕形砚时，它那饱经风霜的优雅身姿，映射出了昔日文人吟诗作画的浪漫情怀，也向我们传递了端砚背后所记录的正义、真善故事。

六榕有树忆东坡

六榕寺

六榕寺，对于土生土长的广州人而言，并不陌生，这座被称为“广州四大丛林”之一的千年禅寺，山门前门楣上赫然悬挂着“六榕”匾额，门两边还有民国顺德文人岑学侣撰写的“一塔有碑留博士，六榕无树记东坡”楹联，让众多游人好奇不已。

这副楹联，得从六榕寺的建寺历史以及和唐宋两大名家王勃与苏东坡的故事说起。

“南朝四百八十寺，多少楼台烟雨中。”这是唐代诗人杜牧一句流传千古的感叹。佛教在东汉时期就已传入中国，据说汉明帝因夜梦金人自西方而来，建白马寺以奉佛经，为释教来华之始。到了魏晋南北朝时期，社会动荡不安，人们生活困苦，希冀在宗教信仰中找到慰藉，加之统治者极度佞佛，不惜耗费民力、财力营造佛窟、佛寺，使得全国崇佛之风尤盛。与此同时，以迦摩罗、昙摩耶舍、菩提达摩为代表的印度僧侣不断泛海来华，中国僧人也远渡重洋至印度求法，广州城一时间沙门云集。梁武帝时期，昙裕法师渡海从扶南（今柬埔寨）求得佛骨“舍利”，梁武帝令广州刺史萧裕在广州城内兴建寺庙，以一座华丽的

︿清　水彩画《六榕寺花塔》　广州博物馆藏

八 北宋 苏轼题「六榕」二字

木塔供奉舍利，并亲自赐名宝庄严寺舍利塔，寺庙称为宝庄严寺，即六榕寺前身。

名刹落成后，很快成为广州城中胜迹。唐上元二年（675），写出千古名篇《滕王阁序》的初唐少年天才王勃，去交趾（今越南）探望被贬的父亲，途经广州，到寺中游览礼佛，受寺僧所邀，写下了《广州宝庄严寺舍利塔碑》，这是中国文学史上已知篇幅最长、内容最丰富的宝塔碑文，一时间这座岭南古刹名声大噪。六榕寺楹联中的“博士”正是指王勃。

南汉期间，此寺改称长寿寺，然而天不遂人愿，南汉国旋即覆灭，寺庙毁于战火，舍利塔也未能幸免。宋端拱二年（989），僧人重建寺院后，改奉禅宗六祖慧能，更名为净慧寺。宋绍圣四年（1097），寺僧在舍利塔故址上重建八角宝塔，下瘗舍利，龛中藏有贤劫千佛像，易名为千佛塔。由于塔身色彩斑斓，犹如花朵堆叠而成，广州百姓又称它为花塔。

与中国其他大多数寺庙一样，六榕寺也逃脱不了毁灭、重建、易名的命运。幸运的是，它还一直在，这才有了与宋代大文豪苏轼的相遇。

唐宋时期，岭南地区因其地理位置偏僻，成为朝廷罪臣们被贬谪流放之地。苏轼因“乌台诗案”，被怀疑攻击王安石新政，影射宋神宗，遭到多次贬谪。他颠沛流离的一生中，曾两次与广州结缘。宋哲宗绍圣元年（1094），苏轼被贬到广东惠州（原贬到英德，途中改贬到惠州）时，途经广州，南海神庙、白云山蒲涧和天庆观等名胜让他醉心不已。

宋元符三年（1100）九月，宋徽宗赵佶继位，大赦天下。远在海南儋州的苏轼也获赦北归。凉秋九月，苏轼再次来到广州城，下榻天庆观。当时广州安抚使程怀立等官吏，久闻苏轼大名，便在净慧寺设宴为他洗尘。彼时苏轼已年逾花甲，游心却未减，程怀立和寺僧道综将寺中掌故娓娓道来，苏轼听完便登上千佛塔观光。只见高高的八角形花塔独映蓝天，塔畔环植六株根深叶茂的古榕树，苏轼甚是喜爱。道综见状，便请他为寺题额。苏轼欣然提笔，即席手书“六榕”二字，厚重雍容，潇洒遒劲，随后落款“眉山苏轼题并书”。

后人猜测，这“六榕”可能与苏轼爱妾王朝云有关。在他被贬至惠州的第三年，王朝云去世，被葬于惠州西湖栖禅寺内，寺僧为其建塔，并在旁建亭，苏轼取《金刚经》中“如梦幻泡影，如露亦如电”之意，亲题“六如”二字。当时六榕荫下，苏轼不免触景伤情，或以“六榕”二字与“六如”相对，表示自己看破“六尘”。

不论苏轼有何寓意，道综对苏轼“六榕”墨宝十分推重，将它额于山门，并加刻石，后世常有各邑文人墨客游览净慧寺，寻访苏轼遗墨。明成祖永乐九年（1411），净慧寺重修，寺僧将苏东坡遗墨“六榕”二字，刻造一木匾悬挂于寺门之上，并改寺名为六榕寺，所在街道也变为六榕路。到了清代，除了来粤求法的中外佛教僧侣外，来华的西方人也被六榕花塔独特的建筑艺术所折服。花塔成为他们到广州的必游之地，在外销绘画和来华游记中留下众多记载。

千年之后，如今六榕寺中古榕依旧苍翠欲滴，苏轼的汉白玉雕像立在一方刻有“六榕”二字的石基上。石基背面镌刻着他的《定风波》一词：“竹杖芒鞋轻胜马，谁怕？一蓑烟雨任平生……”这或许不仅是苏轼，也是千百年间流寓岭南者的心声。他们虽处江湖之远，依旧坚韧不拔，以淳化民风民俗为己任，成为中原和岭南之间的文化“摆渡人”，使岭南文脉延绵赓续，终将昔日蛮荒之地滋养为南国沃土。

番禺学宫的红色往事

中国人历来重视教育，尤其是官方正统教育。坐落在广州市中心中山四路的番禺学宫，是明清时期的番禺县学，即祭祀孔子和秀才上学的地方。这座有着六百年悠久历史的“岭南第一学府”见证了无数广州学子对学问的敬畏和追求。1926 年，毛泽东在此主办第六期广州农民运动讲习所，使这一历史古迹成为中国共产党在革命时期的重要教育基地，培养了大批农民运动骨干，为中国革命事业奠定了坚实的群众基础。红墙之下，薪火相传，昔日古学宫，今已成为象征中国革命精神的红色圣迹。

学宫，原本指古代各府、县的孔庙，为中央朝廷委派儒学教官的衙署所在。西周时期就已经出现“学宫”一词，主要是专门教授贵族子弟“礼、乐、射、御、书、数”六艺的场所。春秋时齐国号称礼乐之邦，齐桓公在国都临淄创办稷下学宫，云集孟子、申子、荀子等一众学术名流，俨然是春秋战国时诸子百家学术争鸣的中心。

地方开办官学，则要从汉景帝后元三年（前 141)，蜀郡太守文翁于成都建石室精舍，并形成“凡始立学者，必释奠于先圣先师”之制起。唐宋时期，地方官学与孔庙相

^ 毛泽东同志主办农民运动讲习所旧址

^ 番禺学宫

结合，形成了“庙学合一”的体制，为后世沿用。时至今日，全国各地都还有着规模不一的孔庙，承担社会教化的职责。广州自宋至清代，先后建有广府学宫、增城学宫、南海学宫、番禺学宫、从化学宫、花县学宫等六座学宫。时移世易，广府学宫与南海学宫早已湮没，其余四座学宫主体建筑或遗址保留至今，成为岭南地区文脉赓续的重地。

番禺学宫的兴建，颇有点“多难兴学”的意味。南宋淳祐元年(1241)，番禺县学在县东南五里创建，后来被毁。明洪武三年（1370），番禺知县毛忠、训导李昕，在现址始建学宫，谁料不久后被一场大火毁于一旦。洪武十三年（1380）再次重建，后又被火焚毁。直到清代历朝多次重修，番禺学宫才逐渐形成今日格局。

学宫有一套完备的规章制度，只有生员（秀才）才有资格入学，教官一般由举人甚至进士出任。学生的作息时间有严格的规定，平时以自学为主，学习内容除了常规的四书五经、诗词歌赋外，还有算学、历法、骑射诸科，供有兴趣的学员选修，而教官则承担集中讲论、答疑解惑、监督与考试等职责。每逢农历二月、八月，学宫还会举行盛大的祭孔典礼。明清时期，番禺学宫在岭南地区的“升学率”独占鳌头，中举人数有一千四百多人，获得县学、学宫教官头衔的有九百余人，出仕率高达60%。

清末民初，时局动荡，废科举、兴学堂成为一股新潮流，象征旧式教育的番禺学宫如同近代中国一般几经沧桑，曾被改为八桂中学堂、滇桂联军兵营。1926 年 5 月至 9 月，番禺学宫迎来了翻天覆地的变化，青年毛泽东在此主办第六期广州农民运动讲习所并担任所长，他亲自讲授“中国农民问题”“农村教育”“地理”三门课程，主编《农民问题丛刊》；而时任黄埔军校政治部主任的周恩来则讲授“军事运动与农民运动”，一时间各路革命风云人物齐聚番禺学宫。学员们毕业后奔赴全国各地，依据广州办学模式在湖南、江西、湖北、广西等地创办地方性农讲所，宣传农民运动理论，有力推动了全国农民运动的发展。

在 20 世纪 20 年代的峥嵘岁月中，番禺学宫成为滋养革命的红色沃土。今天，番禺学宫大小殿堂宏伟依旧，静静漫步其中，红墙碧瓦，数株老榕，仍在向游人静静诉说着它的过往。而穿梭在大街小巷中的广州人，也和饱经世事的学宫一般，对知识的追求从未停止，这座城市的温文尔雅，就这样在一代又一代人中流传。

六百年来第一楼

岭南第一楼

受限于建筑材料以及天灾、人祸等诸多因素，早期的岭南建筑楼宇已难以寻觅。但有一座立在坡山古渡的山坡上，被誉为“岭南第一楼”的崇楼，却以其独特的文化内涵成为刻写在城市之书上的一个重要字符。它的故事要从一场大火说起。

明洪武元年（1368），一场火灾震动了广州城——祀奉五仙人的五仙观在大火之中化为灰烬。后经多方商量，五仙观不在原址复建，于洪武五年（1372），在今惠福西坡山古渡处改建。当时山坡上刚落成一座钟楼，楼内悬挂一口青铜巨钟，钟楼高耸，不仅便于发现火情，也可第一时间敲钟发出火警信号。五仙观的新址就选在钟楼前，新落成的钟楼成为广州人民心中的守护神。

六百多年后，这座叫“禁钟楼”的崇楼，成为“岭南第一楼”。

清朝《广州府志》记载：“铸钟体制洪大，高一丈，遇火警，按四方击之。”这口青铜巨钟重达5000千克，为广东现存最大的古代铜钟。如此巨型的大钟，每当击之，全城共鸣。主要用于军事防御、报警等用途，平时禁止敲击，故名禁钟。

禁钟楼自洪武七年（1374）建成以来，几经兴废，初建时的木结构早已灰飞烟灭。明万历年间重建，改用红砂岩砌筑城门式基台，中空，四面有拱形门洞对称贯通，犹如一座方井。台顶为一个四面敞开的木条构架，重檐歇山顶，正脊饰宝珠鳌鱼，琉璃瓦盖之下是一个轩敞的楼台。顶部巨梁上悬挂青铜铸钟，钟口正好与楼基方井形洞口相对，使得方井形的楼基犹如一个共鸣空间，每当击打巨钟，就会形成钟声激荡环绕的效果。

现在人们所见的禁钟楼楼基，是新中国成立后，在原址依托原貌重建的。透过如今楼中木梁上仍存有的“清乾隆戊申年”“募化重建”等文字，我们依旧能触摸到明代建筑的遗风，并想象出禁钟楼六百多年所历经的风雨。

清代著名学者屈大均把禁钟楼与镇海楼、海山楼和拱北楼合称为广州城“四大崇楼”。如今，拱北、海山二楼早已不复存在，仅剩镇海与禁钟二楼，而禁钟楼比镇海楼的历史还早六年，无愧于“岭南第一楼”之美称。

< 岭南第一楼内禁钟

白沙草书与寒涛古琴

陈献章，字公甫，新会（今广东江门新会区）人，居白沙里，世称“白沙先生”。明代著名理学家、教育家。陈献章不仅是大儒，还是一个发明家，我们可以借这一身份了解他的另一面。

陈献章生于广东新会，该地制作毛笔的原料十分匮乏，加上本地读书人与中原文士的接触有限，北方的佳笔得来不易。一次，陈献章留意到新会山间盛产茅草，于是产生了以茅草制笔的灵感。他选择七八月生长最为繁茂的茅草，经过选割、捣制、浸洗等流程，最后束之成笔。山茅笔制作简便，用起来也得心应手，加之山茅取材容易，很快就得到了推广，此笔被人们称为“茅龙”。

书法艺术是陈献章表现精神世界的一种形式。陈献章的书法艺术与人格高度统一。在其书法作品中，我们可以看到他努力摆脱世俗成规，唾弃功利的境界。陈献章晚年使用茅龙笔挥洒自如，人笔合一，其书法自成一家，豪雄纵逸，不拘成法。用他自己的话形容，便是“动上求静，放而不放，留而不留”。以茅龙笔书就的草书作品，初看笔笔似断，细看却笔笔皆连，飞白之处，更是空处不空，实处不实，如云中神龙，见首不见尾。

陈献章著名的《种蓖麻诗》《慈元庙碑》等诗书草书帖，均以茅龙笔书写。陈献章还在《观自作茅笔书》诗里歌咏了茅龙笔，称其“熙熙兼穆穆”“茅锋万茎秃”，与其粗犷草书相得益彰。广州艺术博物院所藏的一幅陈献章草书卷，正是以挺健雄奇的草书，接连书写《梅花》《佚题》《题心泉赠黄叔仁》多篇自作诗词，笔法极具峭拔荒率之特色。

陈献章清雅好琴，《白沙先生行状》中记载，他曾梦到自己弹奏石琴，声音犹如潺潺水流，于是给自己取别号“石斋”。广州博物馆藏有一件七弦古琴，琴面有十三徽位，琴底双雁足，刻“寒涛”两字和“石斋”印，相传这是由陈献章收藏和弹奏的名琴。此琴音质好、音量大、音域宽，琴声似“长松茹风，清远而聚，往复合匝而不厌”，几经流转，由朱执信的后人捐赠给广州博物馆。

无论是茅龙草书，还是寒涛琴声，均取自然万物之态、之声，这正是与白沙学说相契之处。

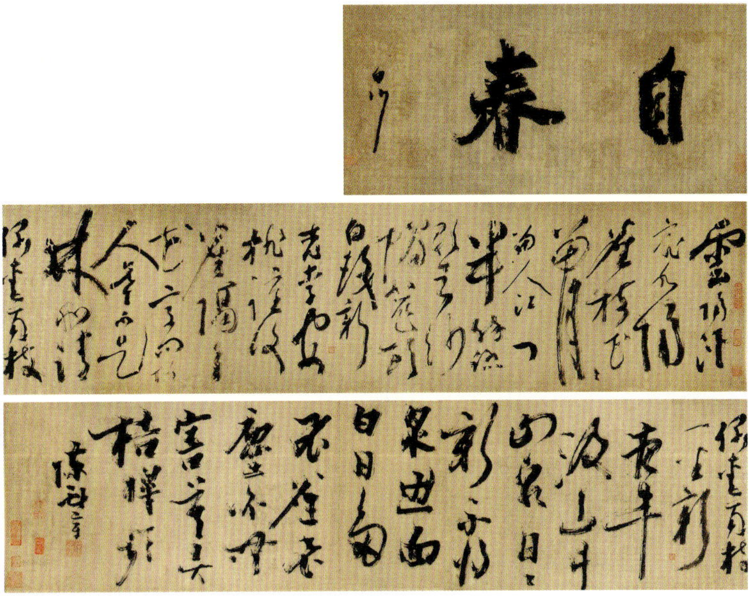

八 明 陈献章《草书卷》 广州艺术博物院藏

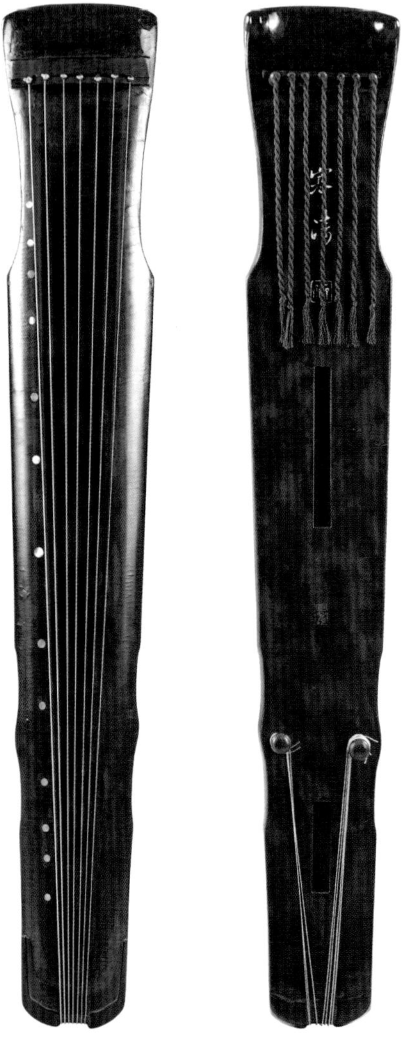

< 明 寒涛古琴 广州博物馆藏

千年玉岩古书院

玉岩书院

书院始于唐代，下迄清末，是在先秦私学、两汉太学、魏晋精舍的基础上兴起的，介于官学和私学之间，是中国古代重要的教育机构和场所。书院在中国教育史上具有重要地位，深刻影响了中国一千多年的教育、学术和文化。

宋代，书院迎来了蓬勃发展的时期。宋太祖赵匡胤鉴于五代十国武人擅权，纷乱不已，决定采取极度右文左武的政策，扩大科举取士规模，完备科举制度，只有进士出身，才有可能跻身宰辅之列，当时社会重文的取向从宋代儿童启蒙诗开头篇“天子重英豪，文章教尔曹；万般皆下品，唯有读书高”可见一斑。

广州的书院正是在这种重视文化教育的氛围中草创的。南宋以前，广州文教远远落后于中原，为了扭转这一局面，一些地方官员或者本地有识之士开始创办书院讲学授徒，城中的玉岩、濂溪、禺山、菊坡、番山五座书院先后落成。

玉岩书院位于今黄埔区萝岗街萝峰山，始建于南宋，是广州现存最早、保存最好的书院之一，至今已有八百多年历史。萝峰山脚下，世居钟姓族人。南宋乾道三年（1167），钟氏始祖钟遂和告老还乡，在家乡萝峰建种德庵为书斋，用以延师讲学。由于钟遂和的几个孩子常常患病，他与增城的名医崔世明交往甚密，两人成为挚友。崔世明听闻好友创办书斋，便将自己九岁的儿子崔与之送到萝峰，与钟遂和之子钟启初一同读书。两个孩童，在父辈的耳濡目染之下，浸染萝峰的钟灵毓秀，成年后学业大有所成，先后考中进士，钟启初观至观文殿大学士，而崔与之更是官至右丞相,并开创广东历史上第一个儒家学派——菊坡学派。

南宋嘉定十二年（1219），钟启初和他的父亲钟遂和一样，致仕还乡。钟启初对父亲留下的种德庵进行了精心修缮和扩建，修筑了似园和余庆楼，并在不远处开辟漱玉台，同时，将种德庵更名为“萝坑精舍”。钟启初继承父志，在这座书斋中度过了余生，延师讲学，教育乡中子弟。后来，挚友崔与之也辞官归里，时常在萝坑精舍讲学。在两位大儒的谆谆教导之下，许多年轻人考取功名，乡中读书之风日渐兴盛。

钟启初去世后，其子钟士绅为追思父亲德行遗容，塑钟启初像于萝坑精舍正殿，以供后人拜祭，并将建筑正式改名为“玉岩书院”，这正源于钟启初的号——玉岩。此时偏安东南一隅的南宋小朝廷早已风雨飘摇，元朝铁骑旋即席卷江南、岭南。钟氏族人在乱世中仍不忘家学，不断修葺书院，甚至还增设了天尊堂和观音殿，使得书院儒、释、道三教并存。

玉喦書院

∧ 种德庵

明洪武元年（1368），明太祖朱元璋开始实行严苛的文化专制主义，他下令“改天下山长为训导，书院田皆令入官”，要从经济上禁绝书院，还大力扶持官学发展，曾四次下令禁毁私人书院。钟氏族人在书院的东侧建起大雄宝殿和侧殿，请僧侣管理书院，并改名“萝峰寺”，书院与寺庙形成既合且分之势，这才保住了玉岩书院。

朱元璋去世后，书院活动再次兴盛起来，书院遍布城乡，明代广州至少有30座官立及民办书院。清代康熙至光绪年间，广州书院更是盛极一时，番山、穗城、粤秀、羊城、应元、增江、圣洲、羊石、文澜等书院陆续设立，成为粤东学子问学之地。清中期以后，阮元、张之洞督粤期间，感于时局困顿，在广州创办了学海堂、广雅书院等新式书院，培养了一大批经世致用的精英。

玉岩书院在明清两朝仍在不断续建、扩建，现在的玉岩书院，基本保持了清代中晚期时重修的样式。书院还保存了一项传统活动，即每年正月十五，钟氏族人能文者在书院祭祖，祭祀完毕后，族长还会现场命题作文赋诗，族中子弟必须交卷，形成了耕读不辍的重文风气。

千年往事已沉沉，曾经书香萦绕、文人荟萃的历代书院私塾遗址，还散落在今日广州城的大街小巷之中。一年四季，羊城中处处有琅琅书声，文脉书香早已融入广州人的血脉之中。

莲花书院泽后世

莲花书院遗址

岭南大地倚山临海，岭南人自古以来纳四海新风，融汇升华，形成了别具一格的岭南文化。清代学者屈大均有言，岭南文化“始燃于汉，炽于唐于宋，至有明乃照于四方焉”。而岭南文脉的传承，与历代学者在南粤大地开馆授徒、传道讲学不无关联。

湛若水是明代广州府增城县（今广州增城区）人，小时候由母亲带至广州，入读五仙观中的学塾，随后入读广州府学。参加会试落第后，湛若水听闻岭南大儒陈献章在江门讲学，随即慕名前往，拜入陈献章门下。经过数年学习，湛若水学业大为长进，不仅深得陈献章的赏识，还成为白沙学说的衣钵传人。

明弘治十三年（1500），陈献章去世，湛若水在服丧期间，决定重新参加科举考试。1505 年，湛若水高中进士第二名，被授为翰林院编修、侍读。在几十年的仕途中，湛若水历任翰林院庶吉士、编修，南京国子监祭酒、礼部侍郎等职，官至南京礼、吏、兵三部尚书。

在京师期间，湛若水潜心钻研心学，在继承陈献章“白沙学派”的理论基础上，创立了以“随处体认天理”为宗

^ 莲花书院遗址

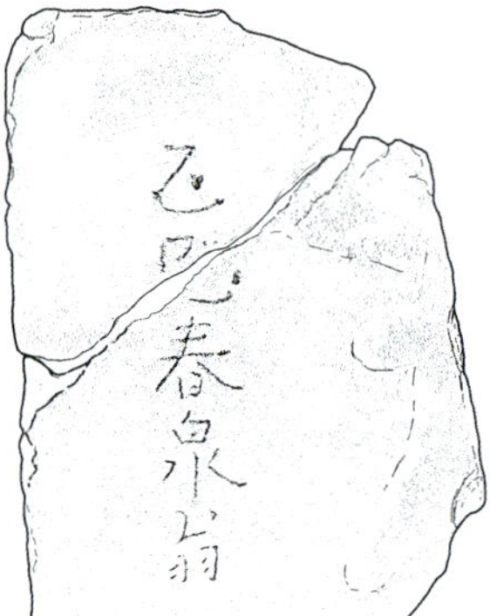

< 明 莲花书院遗址出土『乙巳春泉翁书（書）』残碑 广州市文物考古研究院藏

的哲学思想体系。在湛若水看来，宇宙万物莫非一心、一气、一理，他以“气”去解释万物的同时，又以“理”“心”去理解人与世界的关系和人的意义。

湛若水的学术见解在当时有很大的影响力，其学派被称为“甘泉学派”。他广收门生，讲授心学，并与王阳明等大儒论道，他的“甘泉学派”与王阳明的“阳明学”并称为明代理学两大流派之一，被人们誉为“王湛之学”。

明嘉靖十九年（1540），湛若水以74岁高龄告老还乡。回到广州后他并没闲着，而是四处办书院和讲学。湛若水晚年在家乡兴办规模最大的书院当属莲花书院。莲花书院又叫莲洞书馆，位于今增城南香山，明嘉靖十九年（1540）建成，湛若水晚年常在这里授课讲学。从初始在京师授课开始计算，湛若水的门徒多达4000人。

莲花书院至清康熙年间便已荒废，目前仅存遗址，是整个岭南地区保存最好的明代书院遗址，五层平台依山而建，中轴线上的台阶将门楼、诸生馆、讲堂、正堂与偏堂彼此相连，遗址中还散布雕花精致的红砂岩柱础，可见书院布局设计严谨考究。

广州艺术博物院收藏了一件湛若水晚年书法得意之作，上有草书诗文“地藏天设几千年，今有神明启震川。大院豁然临大路，人间始信有壶天”。我们从气势雄峻、宏逸遒劲的字里行间，依稀能读出湛若水的圣学精神。

流水淙淙、鸟声清脆之间，莲花书院静默矗立在苍翠之中，成为人们追思古圣先贤的精神之地。人们走进湛若水的讲学之地，依然会被他善行嘉言、泽被后世的精神所感化。

屈大均与《广东新语》

三百多年前，一名男婴诞生于广东南海西场（今广州荔湾西场一带）的一个普通之家，谁也没想到，多年后他竟会成为清代岭南诗坛的领袖人物，他的一本著作也被誉为“广东百科全书”，对后世影响极大。

他，便是屈大均，名副其实的广州人。他一生著述甚丰，尤其对岭南地方典籍整理作出了重要贡献，其传世之作《广东新语》记述了广东的天文、地理、矿藏、草木、动物、文化、民族、习俗等方面，就像一幅明末清初的广东社会全景图。

屈大均生于1630年，他的青少年时期正处于明清易代之际。他不仅参加了抵抗清军的斗争，还曾向南明永历帝上呈“中兴”之策。

清顺治七年（1650），随着清兵第二次攻陷广州，屈大均不得已进入番禺雷峰山海云寺削发为僧，并将自己的居所命名为“死庵”，以示誓死不臣服清廷之意。《屈翁山遗闻》记载，屈大均“日中念佛经，夜间则读兵书”，虽隐遁佛门，但仍可见其反清之志向。在隐居期间，屈大均又萌生出跋涉山川、联络反清志士的志向。

从顺治十年（1653）至康熙八年（1669）期间，屈大均多次北上游历，其间结识了王士禛、钱谦益、顾炎武等学人，还常常参与各地文人雅集，创作了大量弘扬民族气节的诗歌，成为岭南诗坛的代表人物。顾炎武称赞屈大均“弱冠诗名动九州，纫兰餐菊旧风流”。

游历的经验对屈大均后来创作《广东新语》影响深远，他在该书自序中写道：“予尝游于四方，闳览博物之君子，多就予而问焉。予举广东十郡所见所闻，平昔识之于己者，悉与之语。语既多，茫然无绪，因诠次之而成书也。”

屈大均晚年开始移志于对广东文献、方物、掌故的收集编纂。这是中国文化发展史上的一件幸事，让历史中一位文人学士模糊的身影，逐渐浮现，最终定格在岭南文化的版图中。他所写的《广东新语》，书共二十八卷，每卷述事物一类，即所谓一“语”，包括“天、地、山、水、石、神、人、女、事、学、文、诗、艺、食、货、器、官、舟、坟、禽、兽、鳞、介、虫、木、香、草、怪”二十八语。通俗来讲，从广东的气候、地形山貌、湖泊泉池、名胜古迹，到传说神话、民间风俗，再到诗词歌赋、名人书画，乃至油盐酱醋、花鸟鱼虫，《广东新语》可谓无所不包。屈大均不仅开岭南人研究整理粤地文化之先，也是广东有史以来对本地区史籍文献全面整理和研究的第一人。

由于屈大均的著作不少充斥着反清思想，他的作品在

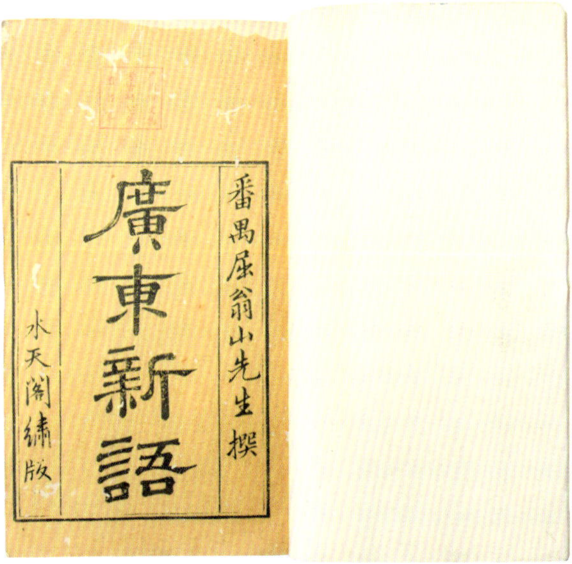

< 清 屈大均《广东新语》 广州市文物考古研究院藏

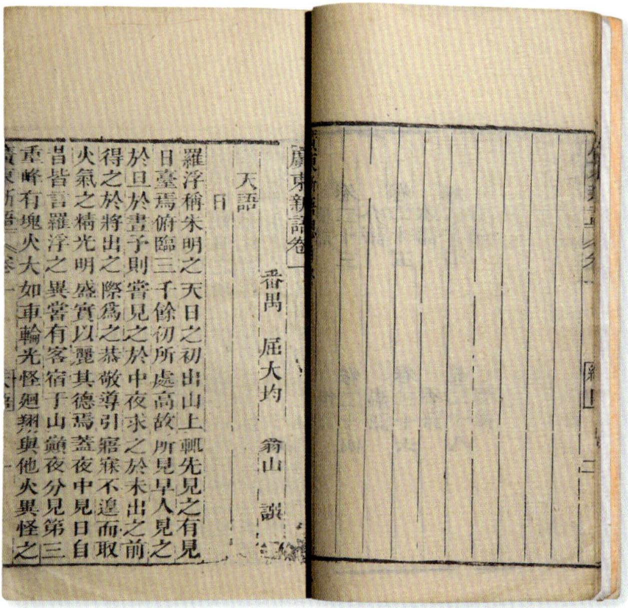

< 清 屈大均《广东新语》 广州博物馆藏

雍正、乾隆年间曾被严令禁毁，所幸《广东新语》仍流传至今。三百多年后，当一切归于尘土，唯有文化如一条长河绵绵不绝，这些凝结着先贤智慧的文字像闪闪发光的金子在文化长河中跳跃。当我们再读此书，不仅能感受到屈大均留给后人宝贵的文化遗产，更会想起那位曾写过“从来天下士，只在布衣中”的爱国学者。

万木森森一草堂

万木草堂

1926年夏历八月，曾经的戊戌维新运动领袖康有为，来到北京菜市口当年“戊戌六君子”就义处，凭吊逝者。随后，在京门生及亲友为康有为设筵，预祝他七十寿辰。康有为在筵席上想起戊戌变法过往种种，其弟康广仁和谭嗣同等六君子在此舍生取义，以及自己半生颠沛流离，其间与爱徒梁启超决裂，从变法领袖到不合时宜的保皇党人，几度身陷囹圄，不胜怅然，随即作诗纪念：“草堂万木久萧萧，吾道何之离孛遥。旧学新知穷兀兀，乐天知命自嚣嚣。银河雾散星辰夜，绿酒人怀今古潮。素月明明光可掇，超观各自上青霄。”此时距这位“康圣人”逝世还有一年，研读天人之学的他自感大限已近，顿感万事皆空。

康有为誉满天下，谤亦随之。清末戊戌变法时他常常言行惊人，名动天下的同时，也引来非议。这位极度自负，自夸为“大有霸视之气”的变法领袖，名声大噪，形成清末一股不可忽视的政治势力，当始于他33岁时在广东省城广州长兴里万木草堂讲学授徒。

清末中法战争后，国势衰颓，面对深重的民族危机，生于官僚之家的康有为游览香港、上海租界后，萌发了学

邱氏書室
聲音博物館
萬木草堂
陈列馆
万木草堂
长兴里
CHANGXING LI

^ 《康有为 梁启超》雕像

习西方之长、实行维新变革、挽救民族危机的维新变革思想。清光绪十四年（1888）冬，康有为第一次到北京参加科考，并借机上书光绪皇帝请求变法，然而受阻未上达。因心中抵触八股文，康有为的科考结果可想而知。

光绪十六年（1890）春，康有为举家迁往广州，为了宣传他的维新思想，他在祖屋“云衢书屋”开始讲学。由于他布衣上书的名气很大，当时正在学海堂读书的陈千秋、梁启超前来请益，拜入其门下，二人成为康有为的得意门生和得力助手。随着众多青年慕名而来，光绪十七年（1891），康有为应陈、梁之请，租赁长兴里邱氏家族集资创立的邱氏书室，正式开办学舍，创建万木草堂。

康有为取培植万木、培养栋梁之材的含义，将书室命名为“万木草堂”，并定下了“激励气节，发扬精神，广求智慧”的办学宗旨。次年，学堂因弟子渐增迁至卫边街邝氏祠堂，光绪十九年（1893），又迁至广府学宫仰高祠。万木草堂的招生范围甚广，既无年龄、职业的限制，也无需经过考试，以至于功名在身的举人、担任知县的朝廷命官也纷纷慕名而来。

当时第二位入草堂的学生梁启超写道：“中国学风之坏，至本朝而极，而距今十年，又末流也。学者一无所志，一无所知，惟利禄之是慕，惟帖括之是学，先生初接见一学者，必以严重迅厉之语，大棒大喝，打破其顽旧卑劣之根性，以故学者或不能受，一见便引退，其能受者，终身奉之，不变塞焉，先生之多得得力弟子，盖在于是。”这种招考方式在当时社会是绝无仅有的，给人们留下了极为深刻的印象。这批求新求异的青年人齐聚万木草堂，求学论道，关心时局，探索新政，使万木草堂成为维新变法理论的宣传阵地。

为了规范教学，康有为亲自手定《长兴学记》作为学规，依据《论语》中“志于道”“据于德”“依于仁”“游于艺”“四言为纲”等要义，把万木草堂的所有学科归为四类：儒家义理之学以及西方哲学、中外历史地理学等考据之学、论及中国政治得失的经世之学、中外辞章文字之学，涉猎极广，每讲一学、论一事，必上下古今，以究其沿革得失，并引欧美事例以作比较证明。学生除读《公羊传》《春秋繁露》等儒家典籍外，还要读西方科技书籍，同时协助康有为查阅资料、著书立说，康有为著《新学伪经考》《孔子改制考》，均在此期间完成，并由学生梁启超、陈千秋等校雠分纂。这些书籍一经出版，立即在国内引起轩然大波，托古改制成为当时人人关心议论的话题。

康有为在万木草堂时与学生平等相待，师生共同管理，共同研学，共同著书，开创了民主教学的风气。康有为自任总监督兼总教习，下设三人或六人为学长，由学生担任，分助各科。另外，每当康有为出游时，就命弟子中资历较深而年长者，主持草堂事务，康有为经常离开学堂讲学奔走，可学堂仍然学序井然，“师虽不在，而诸友之讲贯不辍”。

光绪二十四年（1898）九月，随着戊戌变法失败，谭嗣同、康广仁、林旭、杨深秀、杨锐、刘光第六人被杀害，康有为仓皇逃亡日本，清政府以“惑世诬民，非圣无法，同少正卯，圣世不容”的罪名查封万木草堂。万木草堂从1891 年开办，到 1898 年被查封，共存在了 8 年，明确提出“中体西用”的办学宗旨，重在构建发动维新变法的理论体系和培养维新人才，树立学生自觉担当救亡重任的爱国经世意识，受此启蒙者达千人之多，为清末社会革新开创了先声。

两粤英材聚广雅

广雅书院旧址

19世纪，清王朝国势日渐衰颓，中国大地风云变幻。面对“三千年未有之大变局”，人们的目光逐渐聚焦于向西方学习先进文化技术和提倡社会革新。广州开风气之先，最早接受中西方文化碰撞的洗礼。

开办西式医院和新式书院成为当时的潮流，人们似乎希望从治人、育人的途径中找到挽救时局的办法。早在鸦片战争前夕的1835年，美国传教医师伯驾就在广州开设中国的第一家西医院“眼科医局”，1859年改称博济医院。在此影响下，广州城内外的西医院如雨后春笋般建立起来。

清末广州所开办的教育机构之中，盛名最负者莫过于广雅书院，其创办又与晚清重臣张之洞的鼎力支持密不可分。1884年7月8日，时年四十七岁的“香帅”张之洞来到粤东省城广州，在一众仆从的簇拥下，这位身材短悍、长须飘逸的新任两广总督进入位于今天越华路的两广总督署，开始接篆视事。

此时正值中法战事爆发，张之洞作为朝廷中的主战派，主张在越南与法国交战，御敌于国门之外。在张之洞几番劝说之下，慈禧太后干脆就让他来当两广总督，主持中法

∧ 广雅书院旧照

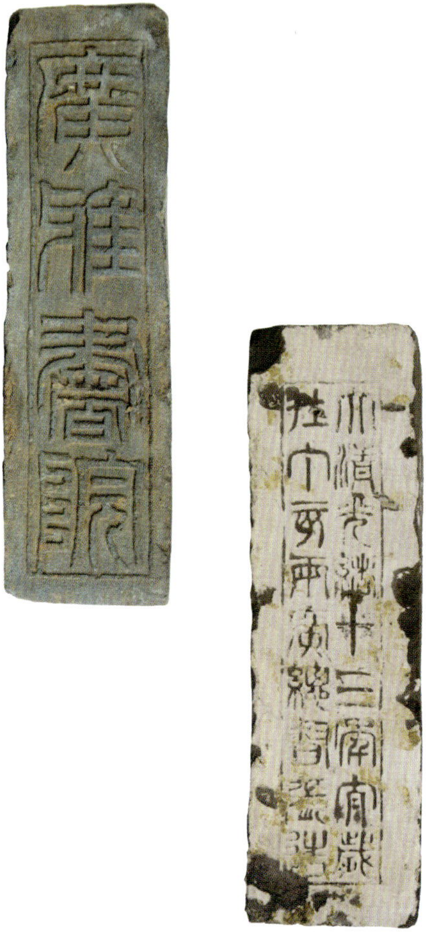

广雅书院铭文砖，刻有阴文篆字『大清光绪十三年太岁在丁亥两广总督张造』 广东广雅中学藏

战事。张之洞走马上任后，立即着手整顿广东防务，荐举老将冯子材，促成清军取得镇南关大捷。1885 年 6 月，清廷无力再战，只得与法国签订《中法条约》，承认法国是越南的保护国，国内舆论一片哗然，惊呼“中国未败而败，法国未胜而胜”！

中法战争期间，法国的军舰在中国海域任意来往，随意攻击闽台地区，给张之洞带来了很大的震撼。这让他坚信，中国要富强需要办学，学习西方技术。在创办广东陆师学堂和广东水师学堂后，张之洞对广东“规矩纵弛，士气不扬”的现状大为不满，决定在广州创办一所新型学院，以培养“知识广博，品行雅正”的人才。这就是后来的广雅书院。

1886 年 10 月至 12 月期间，张之洞多次踏勘，选定了“省城西北五里源头乡”（现广州市荔湾区西村广雅中学校址）为书院院址，占地达 8.2 万平方米。次年 4 月 20 日，书院动工，1888 年夏天竣工，历时一年半之久，耗银共 13.88 万两。在这期间，张之洞亲自筹措经费，草拟章程，设计院舍。书院举行开院启用仪式时，张之洞亲临现场，为书院制定规章，延聘山长、教习和管理人员，后又奏请光绪皇帝颁授御书匾额。

有别于传统书院，广雅书院对生源严格要求，需拥有秀才身份方可入读，学制三年，学不进益者开除。在课程设置上，一改科举制度中旧学堂只教授四书五经，八股盛行的状况，设置经学、史学、理学和经济学四门专业。学生可根据自己的专长和爱好，自行选学，但各门皆须兼习辞章，以资著述，这体现了广雅书院注重实学的办学宗旨。

现广州博物馆藏有一份珍贵的“广雅书院课卷”，能让我们一睹这座清末两广最高学府的风采。该课卷正上方为“广雅书院”字样，正下方为课卷的主人“陈锦章”的卷、名字和“广雅书院东斋监院钤记”印章，课卷左右两侧还分别有“拟取经学第十九名”“正课　五月斋课”“第　等　名蒙古满洲旗附生汉军正黄”等字样。关于课卷的主人“陈锦章”记载甚少，仅在广雅书院第二任院长朱一新所著的《无邪堂答问》卷一有《答陈锦章问诗火烈具举解》，可知陈锦章是朱一新在任期间（1889—1894）的学生。课卷中有“广雅书院东斋监院钤记”印章，因广雅书院在管理上，设院长（山长）一人，东西监院两人，分管广东、广西两省的学生。东斋是广东学生居读之所，西斋为广西学生居读之所，可见陈锦章为广东人。此外，课卷中“蒙古满洲旗附生汉军正黄”字样，表明陈锦章当时应为清朝汉军八旗中正黄旗秀才身份。

陈锦章的这份课卷是五月斋课的课卷，他所选的课艺是经学，本次考核中论及《尚书·洪范》的内容，他的成绩位列第十九名。广雅书院的考课分官课与师课（即斋

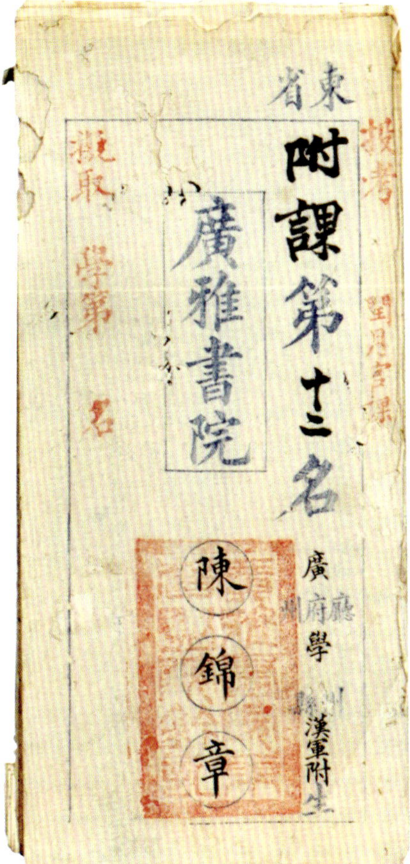

〈 清 广雅书院课卷 广州博物馆藏

八 清《创建广雅书院奏折》 广东广雅中学藏

课），官课在初旬，师课在中旬，一般在初二、十六两日举行。官课由督抚主持，考试全院按等次奖赏。斋课由分校（即四门课的学科和科研组长）主持，按官课办理，将全员课卷核定名次，列榜宣示。陈锦章本次考试成绩无等级，应为平等的第十九名，成绩尚属优良。

维新变法后，广雅书院几经变迁。1898 年增设西学堂，讲授西学。不久后清政府推行庚子新政，颁布皇令“废书院，设学堂”，广雅书院改为“两广大学堂”，1903 年再改为“两广高等学堂”。辛亥革命后，在改朝易代、思潮转变的时局中，又依次改为广东省立第一中学、省立广雅中学，先后数易其名，编制也不同，但广雅中学的称谓从 1935 年一直沿用至今。

广雅书院自创办以来，紧随近代中国的历史车轮滚滚向前，经历清朝洋务运动、维新变法、辛亥革命等风风雨雨，一路发展成今日之广雅中学，已经成为中国近代教育与现代中等教育的先驱，是中国近现代教育史上一部鲜活的教材。

建筑大成陈家祠

陈家祠

在广州，有这么一座祠堂，它是广东各地陈姓宗族联合建造的合族祠，蕴含了华南地区浓郁的宗族观念，又以精美绝伦的建筑装饰闻名岭南，集岭南民间建筑装饰艺术之大成——它就是陈氏书院，也称陈家祠。

陈家祠位于广州市中山七路，始建于清光绪十四年（1888），光绪十九年（1893）落成，由黎巨川担任设计并施工监理，广东省 72 县陈姓人氏合资兴建，供各地陈姓族人来广州应试时居住。废科举后，改为“陈氏实业学堂”。民国期间，先后为文范学校、广东体育专科学校和聚贤中学，1959 年辟为广东民间工艺馆，1994 年更名为广东民间工艺博物馆。

陈家祠坐北朝南，占地面积1.5万平方米，以首进门堂、中进聚贤堂和后进祖堂为中轴线，由大小十九座建筑组成，用中轴对称手法，把六个院落、九座厅堂和十间厢房联系成一个整体，各个单体建筑之间既独立又互相联系。

中轴线上主要建筑有头门、聚贤堂和祖堂。中轴建筑两侧为厅堂，再两边以廊庑、厢房围合，每座单体建筑以青云巷隔开，建筑间以长廊相连，以六院八廊互相穿插。

（广东民间工艺博物馆（陈家祠））

∧首进西厅墙上砖雕『梁山聚义』图

祠堂前有一对石雕狮子，前辟宽阔的庭院，还有东、西院和后院。陈家祠内外广泛采用木雕、石雕、砖雕、陶塑、灰塑、铜铁铸等七种建筑装饰艺术，被称为“七绝”，工艺精湛，题材广泛，造型生动，形象传神，主体各厅堂、廊庑、斋室、厢房等建筑中梁架、斗拱、驼峰、墙壁、墀头、踏道等均以梅兰竹菊、花鸟虫鱼、岭南佳果、历史典故、戏曲人物、神话传说等题材为装饰内容。

“三雕”指木雕、石雕和砖雕。陈家祠中的木雕，广泛应用在屏门挡中、门窗、梁架、龛罩、花罩、斗拱、檐板、雀替等构件之上，数量和规模大，而且蕴含着深刻的寓意。石雕主要采用花岗岩石材，用于门券、台基、廊柱、柱杆等建筑承重及易受风雨侵蚀的部位，融合了圆雕、浮雕、镂雕、阴刻等技法，具有南方石雕精巧秀气的风格特点，数量多、规模大、做工细，代表了清代广东石雕艺术的最高水平。砖雕使用浅浮雕、高浮雕和透雕等技法，由多块、多组砖雕组合而成。陈家祠正门两边东西檐墙上有六幅大型砖雕，其中两幅宽 4.8 米，高 2 米，技艺精湛，规模宏大，颇为罕见。

“二塑”，即灰塑和陶塑。灰塑是广东传统建筑特有的室外装饰艺术，以石灰为主要材料。陈家祠的灰塑用于屋脊基座、山墙垂脊、廊门屋顶、厢房和庭院连廊及东西斋的屋脊上，总长度达 1800 米，造型夸张有趣，色彩大红大绿，多以花鸟人物、山水美景、亭台楼阁等为题材。陈家祠正脊脊饰采用佛山陶塑，共计十一条，这些脊饰是陈家祠最醒目的建筑装饰，也是广东现存最大、最华丽的清代传统建筑装饰。

“一铸”，指铜铁铸工艺。以铜、铁作为材料铸造钟、鼎、瑞兽和建筑装饰构件古已有之，但以铁铸作为庭院装饰，在清代传统建筑中极为少见。将铜铁铸用于建筑的立柱、栏板及其装饰，正是陈家祠建筑装饰工艺中的独特之处。聚贤堂月台双面通花栏板上的铁画，色调凝重，构图精美，与灰白色的石栏杆相互映照，增强了艺术效果。

“一彩”，指彩绘工艺，主要体现在大门彩绘门神和东西厢房壁画上。陈家祠大门上有一对高达 4 米的大型彩绘门神，以勾线重彩技法描绘而成，色彩艳丽和谐，形象地表现了守门大将威武雄伟的神采。东西厢房为陈氏弟子的读书处，东厢房壁画绘《滕王阁序》，西厢房壁画绘《夜宴桃李》，以文人雅士为题材，与厢房的功能相匹配。

陈家祠以悠远的历史以及精美的建筑装饰艺术著称，为广州的传统建筑艺术添上了华丽的一笔。它是我国现存规模最大、保存最完好、装饰最精美的祠堂式建筑。这颗“岭南建筑艺术的明珠”，如今点缀于广州老城区的闹市中，向络绎不绝的游客展示着岭南建筑艺术的极高审美品位。

< 首进北向山墙及连廊灰塑装饰

> 中进东厅南向陶塑脊饰局部

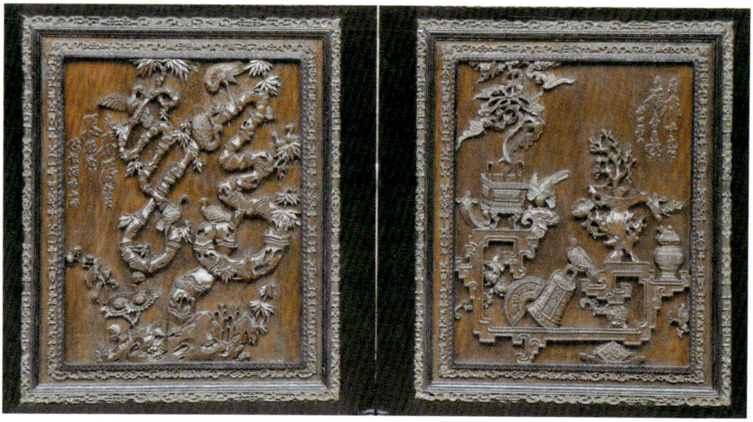

^ 首进正厅双面镂雕屏门挡中局部

中西交融海幢寺

海幢寺

海幢寺位于珠江南岸，始建于南汉时期，当时名为千秋寺，后来被废为民居。明朝末年，此处成为富绅郭龙岳的园地，名为“福场园”，相传郭氏自印度携一株鹰爪兰归来并种在园内，至今仍在，故有“未有海幢寺，先有鹰爪兰”之说。再后来，光牟、池月二位法师云游此处，向郭龙岳募缘得地改建为佛堂，并依《华严经》经文中“海幢比丘潜心修习《般若波罗蜜多心经》成佛”之意，取名为海幢寺。

起初海幢寺只有若干佛堂，到了清初，平南王尚可喜在海幢寺静修后，决定诚心向佛，不仅资助佛寺，还捐赠琉璃砖瓦。海幢寺经过大规模的扩建与修葺，扩展万松岭作花田园囿，面积达十几万平方米，形成了花田春晓、古寺参云等诸多景观，号称“不独甲于粤东，抑且雄视宇内”，成为广州河南最大的佛寺，与光孝寺、华林寺等齐名。

与其他禅院不同，一些寺僧群体常常聚集在海幢寺赋诗讲学，海幢寺不仅刻印经籍，还刻印文士的诗文集，同时集藏书、售书于一体。海幢寺出版的佛经、诗文集等各类图书规模之大与影响之广，在广东寺院中可谓无出其右。

海幢寺对面的珠江北岸，是清代来华外国人在贸易季节暂居的十三行商馆区，他们的出行被清政府严格规定，不得随意四处走动，贸易季节结束前必须离开广州。清乾隆末年，官府开始准许十三行商馆内的外国商人每月固定几天可渡江到海幢寺游玩，于是海幢寺成为广州最早对外开放的寺院。在外国人口中，海幢寺被称作“河南庙”。一些外国人记载，他们会受到海幢寺僧人的热情招待，并可享用特别的素食盛宴，在炎炎夏日，海幢寺更是一处避暑胜地。此外，与海幢寺毗邻的伍家花园、万松园等私家园林，内有荷塘、小桥、亭台楼阁、奇花异木，这些景点与海幢寺都是外国人到广州河南游玩的好去处。光绪二十一年（1895），22 岁的俄国皇太子尼古拉（后来的尼古拉二世）来到广州，登岸受到两广总督李瀚章的迎接，随后便游览了海幢寺。

来到海幢寺的各国人士，既有商人、旅者，也有传教士和学者，外国人热衷与海幢寺僧人交换物品，多赠予僧人西方宗教方面的书籍，而僧人则多回赠各类佛经。“海幢寺经坊本”在清代中期风行海内外，来自不同国家的外国人将海幢寺刻印的各类书籍带回各自国家，如第一位来华的基督教新教传教士马礼逊，在海幢寺购买了 80 多种海幢寺刻本书籍并带回英国，现藏伦敦大学亚非学院图书馆。这些书籍成了中西文化交流的重要媒介。

< 大雄宝殿（选自西班牙人阿格特订制《海幢寺外销画册》）

〈海山门、印经坊（选自西班牙人阿格特订制《海幢寺外销画册》）

时光荏苒，民国时期的海幢寺改建为河南公园，后又更名为海幢公园。新中国成立后，海幢寺在 1993 年恢复了宗教活动，还添加了儿童游乐设施，成为“90”后、“00”后儿时的记忆。2006 年，海幢寺又重新恢复为纯粹的寺庙。几经沧桑，万物归一。

十香园与岭南画派

十香园

“月在凝枝梢上，人行茉莉花间。”清代书画名家谢里甫笔下的这副对联，常被后人用以描绘十香园主人和朋友们在月下花间吟诗、作画、弹琴的画面。

十香园，深藏于今海珠区江南大道南蜿蜒的河涌旁，最初名为“隔山草堂”，是岭南画派祖师居巢、居廉修建的园子。其在清代属于番禺县隔山乡，临近隔山涌，因居氏兄弟后又在园中相继栽种了素馨、瑞香、夜来香、鹰爪、茉莉、夜合、珠兰、鱼子兰、白兰、含笑等十种花卉，园中漫天花海，香气逼人，十香园之名由此而来。

这座素雅别致的园子虽然不在岭南著名园林之列，但其岭南气韵毫不逊色——庭院雅致，古木高耸，幽芳四溢，园内今夕庵、啸月琴馆、紫梨花馆一一排开，内部结构严谨独特，别有一番风味。围墙之内，亭台水榭、青砖绿瓦，如时间定格，在画卷漫游；跨出墙外，素馨十里成香园。这番景致，明代有《素馨赋》等咏之，至清代成为“羊城八景”之一。

居巢和居廉并称“二居”，他们擅长绘画岭南本土的花鸟鱼虫，善于从平凡的事物中发掘艺术之美。他们崇尚

自然，注重写生，十香园内栽种的十种香花，便是他们作画写生的对象。这套藏于广州艺术博物院的《花卉草虫图册》，一共十二页，一页一主题，分别是南瓜花、九里香、山茶花、绣球花、文珠兰、迎春兰、珠兰、牵牛花、白萼花、鸡冠花、茼蒿花等花卉，一派岭南乡野瓜圃菜畦生机勃勃的景象。

在绘画上，“二居”开创了撞粉法和撞水法两种绘画技法，堪称一绝。撞粉法是在色彩未干的时候，用白粉撞入色中，使粉浮在色的表面，使得花瓣或者虫蝶的立体感尽显；撞水法则是把水注入未干的色彩之中，主要用来描绘花卉的叶子和枝干，使其形成明暗变化。“二居”的绘画技法奠定了他们在美术史上的地位，对后来广东画坛的风格趋向产生了重要影响。

清光绪年间，隐居十香园的“二居”开设书画蒙馆，手把手地传授垂髫小儿画艺，在二十多年的教学中，为岭南培养了大批美术人才。当时，岭南画坛八成以上的画师都出自十香园门下或是曾获“二居”艺术的熏陶。十香园门下走出的在中国美术史上垂名的杰出弟子多达三十余人，高剑父是其中非常著名的一位。

高剑父出生于广州番禺南村。在族叔的影响下，他对绘画产生了极大兴趣，13岁时拜居廉为师，寄宿于十香园啸月琴馆内学画。因聪明颖悟，高剑父深受居廉器重赏识。一年后他又入黄埔水师学堂学习，不久因病辍学，仍回居廉门下习画。17 岁时，他前往澳门格致书院（今岭南大学前身），并跟随法国画家麦拉学习素描，这是高剑父首次接触中国画以外的绘画领域。不久后，高剑父东渡日本留学，与日本画家山本梅崖等人有所接触，同时加入太平洋画会、水彩研究会等日本绘画组织，学习外国艺术。留洋经历使得高剑父眼界大开，初步奠定了其改革传统中国画的决心。

广州艺术博物院藏有高剑父于 1918 年创作的《鸡声茅店月》图轴。作此画时距他从日本归国已经十年。画作以温庭筠《商山早行》中的诗句“鸡声茅店月，人迹板桥霜”为立意，描绘了天寒时节拂晓时分一处山野客栈的景象，画中可见山石嶙峋，溪流潺湲，残月阑珊，杂树笼烟，茅店围篱，板桥覆霜。高剑父画中山石的笔法与北宗山水水墨苍劲的斧劈皴一脉相承，但同时又带有西洋素描的造型和运笔特点；树叶则完全突破了传统勾叶法和点叶法的限制，采取了类似于西洋水彩画的笔法，以强调树冠的整体形象；远山的笔法亦然，由此营造出一种若隐若现的朦胧感。这幅作品属于高剑父创立的带有“折中”特点的新国画代表性作品，既折中于传统文人画与院体画之间，又折中于中国传统绘画与西方绘画之间。

20 世纪 20 年代，高剑父、陈树人与高奇峰三位（“二

> 民国　高剑父《鸡声茅店月》图轴　广州艺术博物院藏

^ 居廉（前排右四）与弟子们在十香园留影

高一陈”），被誉为“岭南三杰”，他们的主张以倡导艺术革命，建立现代国画为宗旨；以折中中西，融汇古今为途径；以形神兼备、雅俗共赏为审美标准；以兼工带写、彩墨并重为艺术手法。在他们的带领下，岭南绘画人才辈出，独树一帜，一个名震中外的画派——岭南画派（高剑父自称为“折中派”）崛起了，成为广府文化代表之一，与京津派、海派三足鼎立。

居巢和居廉是岭南画派的先驱，而十香园称得上是岭南画派的发源地，是我国最早美术学府之雏形。如今，“二居”和“二高一陈”的代表画作有不少藏于广州艺术博物院，通过展览向观众展示从居巢、居廉到岭南画派的发展历程。而静谧的十香园，虽然斯人已去，但如今又重新种植了十香之花，漫步园中，花香四溢，回味无穷。

苦瓜与八大的旷世合作

1999年，一位白发苍苍的老者来到香港企业家、文物收藏家杨永德家中，小心翼翼地拨弄着一幅珍贵的画轴。这是杨永德与摄影家简庆福偶然从美国的一次拍卖会上拍到的，花了40万美金。当画卷徐徐展开时，老者眼前一亮。看了一会儿，阅宝无数的他也震惊了。无论是画的质地还是作画手法，这幅画都不简单。老者激动得双手合十，对着画卷膜拜再三。这位老者不是别人，正是大名鼎鼎的书画家启功先生。

这幅画上有一块用淡墨描绘的奇石，石下有两簇用浓墨描绘的幽兰，石上有两竿翠竹。石块轮廓线以阔笔淡墨写出，灵动随意，石块皴染数处，墨色比石块的轮廓线略重。中间一簇兰花走势与石块相同，向右上倾斜。兰叶重墨数笔，长短交错；兰花用淡墨画出，浓墨点蕊。左上之兰更为简率，似草草而就，朝向右下，与中间石块和下边兰花巧妙呼应。奇石的嶙峋坚实和兰花的轻柔纤细形成强烈的反差。奇石的上方，两竿翠竹傲然挺立，打破了画面上幅的虚空，一竿略指向偏左，另一竿指向偏右，竹竿以中锋写出，略绵柔，一淡一浓，以浓墨点节，竹枝斜出，

清 朱耷、石涛《兰竹石图》 广州艺术博物院藏

八大山人寫蘭清湘滌子
補竹兩家筆墨源流向
大滌子補墨

细韧挺劲，竹叶用焦墨描绘，疏密有致，营造出前后的空间感和竹丛感。画左上角跋曰：“八大山人写兰，清湘涤子补竹。两家笔墨源流，向自独行整肃。”

再三确认后，启功先生认定这就是清初画僧朱耷、石涛合作的《兰竹石图》真迹。题款中的“清湘涤子”是石涛的别号，而“八大山人”则是朱耷的号，两人与同时代的髡残和弘仁并称为“清四僧”。

八大山人朱耷与原名朱若极的石涛二人的别号都与荒山、乱石有关，或许是造化弄人，迫使两人从滚滚红尘走向山林。他们原本都是明朝宗室后裔，朱耷是朱元璋第十七子南昌宁献王朱权的九世孙，崇祯十七年（1644）清兵入关，朱耷一家九十余口被杀，19 岁的他仓皇出逃，为了躲避清廷追捕，隐姓埋名，削发为僧。石涛比朱耷年轻 16 岁，是朱元璋的从孙靖江王朱守谦的十一世孙，出生于广西桂林。石涛 3 岁时，其父朱亨嘉曾在桂林自称监国，不久被杀。石涛由宦官带出，出家为僧。或许因为相似的经历——都出身明朝皇族，都遭遇了明亡清兴而沦落为遗民，又不约而同地选择出家为僧，迫于现实的苦难，他们都不得不埋首于艺术之中。

然而，两位画家的性格禀赋却迥然有异——朱耷是清冷的，石涛是热烈的。

朱耷的笔调简练粗放，风格看似潦草散漫，却难掩清新隽美。在他笔下，世间万物皆可入画，轻柔的兰草、烂漫的花朵、翻着白眼的猫狗鸟鱼让人印象深刻，“白眼向人”又流露出一种异常晦涩的冷寂奇异，寄寓了朱耷对于国破家亡后朝不保夕处境的彷徨之感。他23岁后隐姓埋名云游四方，目睹世间种种，不得不装聋作哑，55岁时蓄发还俗，“裂其浮屠服焚之”，自筑寤歌草堂于南昌城郊，大半生在痴狂中度过，身心备受折磨。因而他的画集嬉笑怒骂、癫狂神放于一身，总给人一种孤独之感。白眼鸟鱼，不过是他内心最真实的写照，口不能多言，却依然以画明志。

石涛在明亡时，年纪尚幼。他留寓安徽宣城十五年，40岁时在南京一支阁作画，50岁又在北京作客三年，53岁后定居扬州，常年生活在烟花繁华之地。他对现实仍抱有一丝希望，甚至主动寻求入世。康熙南巡时，他两次接驾，1689年在扬州平山堂受到康熙接见并得到称赞。因此，石涛对康熙感恩戴德，身为前明皇裔，以两次面新朝之君为荣，以为新朝属臣为荣，但终究一无所获，晚年脱下僧袍还俗，娶妻生子。石涛没有朱耷那样的萧散之态，笔下的花卉、蔬果、人物，往往构图新奇，意境翻新，每幅画极少雷同，力求笔墨雄健恣意，讲求豪放郁勃的气势，与当时主流的画风相比，呈现出“怪”相。他提倡“借笔墨以写天地万物而陶泳乎我也”，寻求“不立一法，不舍一法”的天然之境。

朱耷与石涛艺术上互为对立，却不影响两人成为莫逆之交。碍于前明皇裔身份，为避免招致祸端，两人从未见面，仅以书信互表钦佩之情，石涛更亲切地称朱耷为“八大长兄”。启功先生激动地说，文献记载朱耷与石涛合作的画作仅有三幅，直到现在他才有幸一睹真迹，八大山人的冷意和石涛的生机勃勃，在浓淡墨色之间交织，太难得了。得知此画如此珍贵，杨永德和简庆福当即表示要捐给祖国的博物馆收藏，让其永远留在故土。后来二人将画无偿捐赠给了广州艺术博物院。

石涛曾写给朱耷赠言“金枝玉叶老遗民”。二人尝遍人间冷暖，清贫度日，在寂寞中度过一生。虽始终未曾相见，却不约而同地选择将自己的一生奉献给艺术。或许如八大山人“哭之笑之”一般，曾经让二人无奈遁入空门的清军铁骑早已烟消云散，权力的旋涡终会过去，而他们的艺术成就仍会在万古江河中熠熠生辉。

第三章　商脉：不朽的门户

广州海上丝绸之路“资历最深、历代相沿、唯一不衰”的传奇从汉代就已开始。

《汉书》记载，汉武帝派使节带领官方船队从徐闻、合浦、日南出海，沿着中南半岛，经今天的越南、泰国、马来西亚、缅甸等地，远航到今印度康契普拉姆，最后由今斯里兰卡返航。

司马迁在《史记·货殖列传》中记载，番禺（今广州）为全国九大都会之一，“犀、玳瑁、珠玑、果、布之凑”，表明两千年前，这里已是中国南方重要的商品集散地。

至迟在唐玄宗开元三年（715），唐朝政府已在广州设市舶使管理海外贸易。从“广州通海夷道”而来的各国商船络绎不绝进入珠江。

宋代人对海洋有着别于前人的见解，自宋太祖赵匡胤立国伊始就非常重视海外贸易。而广州在宋代对外贸易中地位尤为重要，也是首设市舶机构——市舶司之地。至北宋中期，西夏的崛起阻断了西北丝绸之路，东南方的海路成为当时唯一的对外贸易通道。

明王朝近三百年间，它的目光不曾离开万里海疆。洪武三年（1370），明太祖朱元璋就在广东广州、福建泉州、浙江宁波建起了市舶司，专营海外诸国朝贡诸事，以广州最为兴旺，这里几乎集中了与西洋诸国的所有贸易。明永乐、宣德年间，三宝太监郑和打造宝船，七下西洋，播仁爱于友邦。明穆宗隆庆元年(1567),朝廷准许民间贩运东、西二洋，自此，辽阔的海面上尽是熙熙攘攘的大明商船。

带有两河流域錾刻工艺的金花泡、波斯银盒、“蜻蜓眼”玻璃珠、水晶玛瑙珊瑚珠串……这些海内外的奇珍异宝，留存至今，熠熠生辉。

南越先民善舟楫，自秦汉以来广州便是季风贸易的重要港口。每年五六月，印度洋西南季风盛行，满载货物的外国商船乘风抵达广州，经过一个贸易季节的售卖、谈判、采购，至十一、十二月再乘着东北季风满载而归。

海路贸易不仅带来持续稳定且数额巨大的税收，更促进了东西方世界的物种交流、人员往来和文化融合。

两汉墓葬出土的各式陶俑座灯、留有香料的汉代铜熏炉、众多印度高僧驻锡译经的岭南佛教丛林光孝寺、由海路传入的伊斯兰教怀圣寺及光塔、历代朝廷派员祭拜祈求海不扬波的南海神庙、最早记载中国与印度尼西亚往来的宋代名碑重修天庆观碑、18世纪停靠各国商船的黄埔古港、飘扬着各国旗帜的十三行商馆区……均彰显着广州在海上丝绸之路历史上不可替代的重要地位。

广州因海而生、向海而兴，两千年来，勇立潮头，港通天下;作为中外文明交会的南风窗,融汇东西,敢为人先。

从这里，中国走向世界，世界认识中国。

越人善作舟

早在新石器时代晚期，居于南海之滨的南越人祖先，就已利用舟楫之便，在东南沿海巡游并已涉足太平洋群岛，从事季节性的生产活动。

秦平定岭南之后，建番禺城，是广州建城之始。西汉中期，汉武帝平定南越后，积极开展海外贸易，广州成为海上丝绸之路的东方起点。“越人擅舟楫”，水网密布且有舟楫之便，为古代岭南人探索海外世界提供了便利。广州出土的西汉南越国时期船纹铜提筒和东汉陶船模型等与舟船相关的文物，生动形象地展示了古代广州高超的造船技术。

南越文王墓出土了九件铜提筒，大小不一。提筒在两广、越南等地均有发现，是一种极具特色的器物。学者认为提筒源自骆越人，即居住在今广东西部、广西南部、越南北部的古老民族，提筒是他们使用的盛酒器。这九件提筒出土于墓中东耳室，大小套叠。东耳室多出土酒器和乐器，可见这些铜提筒为南越国贵族礼乐宴飨之器。

其中一件提筒的外壁腹部绘有四艘船纹，纹饰细密精致，详细描绘了海船、海洋生物以及船上人类的活动，故被命名为船纹铜提筒。在船纹铜提筒的器表上，刻有首尾相连的四组船纹，共有两款图案。船体明显绘出甲板，船内分舱，满载战利品，其中一舱内满是铜鼓，船旁还绘有海龟、海鱼和海鸟。每艘船上有五个头戴羽毛装饰的巍峨高冠的“羽人”，各行其职：或站船头，手持弓箭，昂然而立；或坐于鼓形座上，执棒击鼓；或左手执一俘虏，右手持短剑。还有人或立于高台，左手持靴形钺，右手执一人首级，头戴与众不同的矮冠。从“羽人”战士提敌首级或执宰俘虏等情形判断，船纹描绘的可能是一支船队在战争结束后凯旋的场景。不过也有学者认为可能是在杀俘虏祭海（河）神。

每艘船船尾的一位“羽人”操持着一条狭长物体——尾橹。橹作为船舶的一种推进工具，从桨的基础上演化而来，橹摆动时，船与水接触的前后部分产生压力差，由此产生推力推动船只行进，它的效率大约是桨的三倍。橹的出现是船舶推进工具的巨大革新，它和水密舱技术都属于中国科技史上的重大发明。

所谓水密舱，就是用木板把船舱分隔成一个个互不相通的分区，避免船只因船舱进水而倾覆。羽人船纹展现整船造型合理，可见清晰的水密舱结构，说明早在西汉早期，先民已有此技术。这使远航成为可能，对后世航海影响深远。

< 西汉 船纹铜提筒 南越王博物院藏

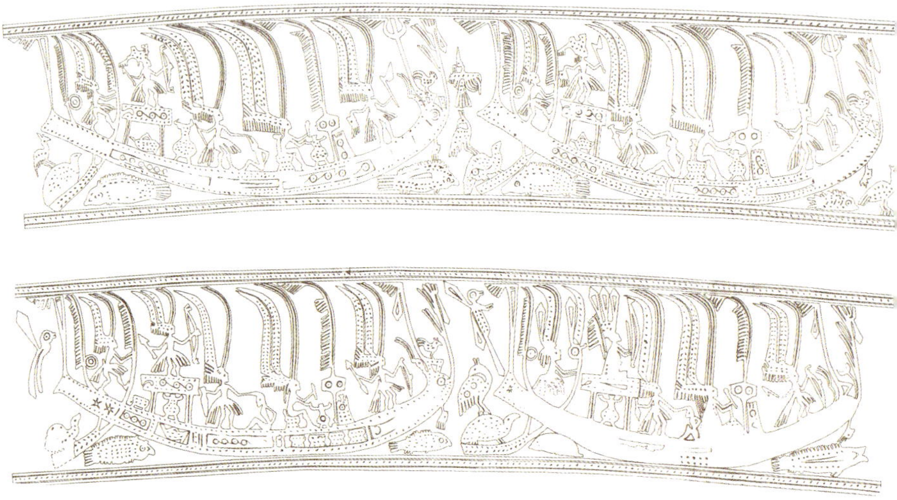

八 羽人船纹摹本

1954年在广州沙河顶汉墓里发现的东汉陶船模型，以更立体直观的方式呈现了古代的舟船结构，保留了极为珍贵的细节。这艘船船头有锚，船尾有舵，甲板上有防浪篷，船舱内横架了八根梁担以加固船体，船型吃水较深，负载量较大，有较强的抗风能力，能适应深水航行……最具历史价值的是在尾部发现了舵。舵面呈不规则正方形，面积较大，舵杆斜伸入船尾，方便船员在尾舱顶部通过舵把进行操作。与依靠侧桨来控制方向的方式相比，舵在把握船舶航向上更加有效、精准，结合风帆和其他定向设备，为远航提供了相当的安全保障，这是目前世界上最早出现船舵的陶船模型。这表明广州早在东汉时期，船舵技术就已经出现且发展较为成熟，比西方使用船舵技术早了近一千年。据记载，舵10世纪才在阿拉伯地区出现，12世纪在欧洲出现。可以说，中国尾舵的发明和应用对世界航海史产生了深远的影响。

自古以来，越人“以舟为车，以楫为马”，船纹铜提筒不仅描绘了乘船祭海的场景，更承载了数千年以前先民们扬帆起航、探索重洋的梦想。船纹上的水密舱、东汉陶船尾部的舵，显示出两汉时期，广州地区的船舶已具备一定的远航能力和较为成熟的入海条件，这也为此后广州造船业的繁荣兴盛奠定了基础。

作为中国四大古船之一，广船闻名古今中外，长期处于国内先导地位。从两千多年前的南越舟楫，到清代以远洋航行而声名远播的广东“红头船”，广船先进的技术，如同历史发展的“齿轮”，推动着人类走向深蓝。广船见证了广州作为海上丝绸之路重要发祥地绵延千年的光荣和梦想，时至今日依旧闪耀着动人的光辉。

<

东汉 陶船 原藏广州博物馆，20世纪70年代调拨中国国家博物馆

汉代金银工艺的华章

广州地处南海之滨，与外来文明多有接触和交流，并汇集了大量奇珍异宝。通过海上丝绸之路，中国的工匠借鉴了西亚的工艺，并将其与中国的传统审美相结合，形成了独特的金银器风格。南越文王墓出土的金花泡，不仅反映了中国与西亚文明之间的文化交流，还体现出精湛的金银器制造技术。

南越文王墓墓主上身的珠襦饰物中发现了 32 枚焊珠金花泡饰件，这些金花泡泡体呈半圆球形，底口处为平折沿，泡壁很薄，直径 1.1 厘米、高 0.5 厘米。泡里在底口稍下处焊接一根横梁，以供连缀。球面形的泡体上有 9 组图纹，均用金丝和小金珠焊接而成，其上用金丝和小金珠焊接而成圆形、绞索形、心形等纹饰，在 20 倍显微镜下可以清楚地看到焊接点，可见古人黄金焊珠工艺的精湛。

金花泡的设计和加工十分精细，先把薄金片锤出半球形，再使用掐丝和焊珠工艺制成球面上的纹饰。掐丝工艺，是将锤打得极薄的金银片剪成细丝，慢慢从相对方向搓扭。焊珠工艺则是把金片剪成线，切成段，加热后融聚成粒；有时也可以将金丝加热，用吹管吹向端点，受热熔化而落下圆珠。

焊珠金饰所采用的焊珠工艺最早发现于西亚乌尔第一王朝（距今五千年左右）的皇室墓葬，随后流行于埃及、希腊、波斯等地，公元前4世纪亚历山大东侵后传入印度、巴基斯坦地区。焊珠工艺在中国最早出现于山东临淄商王村战国晚期墓出土的金耳坠，在金丝、金环和花瓣形金叶上饰有焊接的联珠纹。鉴于焊珠工艺在中国出现之初已十分成熟，因此学者认为，汉代精美的掐丝和金珠工艺作品，可能由域外传入。由此可见，南越国时期广州已经展开了与海外的贸易往来。

与南越文王墓大致同处于一个时代的大云山汉墓、浮来山汉墓也出土了相似的金花泡，均为半圆球形，泡面装饰金珠纹，采用了掐丝与焊珠工艺，缝缀于丝织品上用作装饰。三地出土的金花泡年代相近，器形、工艺极其相似，应制作于同一时期，甚至是同一产地。除金花泡外，合浦、广州等地汉墓中还发现了大量的金珠饰品，包括多面金珠，年代在西汉晚期至东汉早期。多面金珠可能发源于迈锡尼时代（前1600—前1100）的希腊，广州出土的3颗汉代多面金珠，均为十二面，每面呈五边形，正中是一个圆环，三个圆环交接处焊接突起的圆珠，形状大体相似，焊珠手法有差别。

广州、合浦的金花泡、金花球或者多面金珠，在外观、结构、精细度、色泽等方面都有明显的一致性，并且都运用了焊珠工艺，是海上丝绸之路各大板块互相连通、文化交流融合的有力证明。

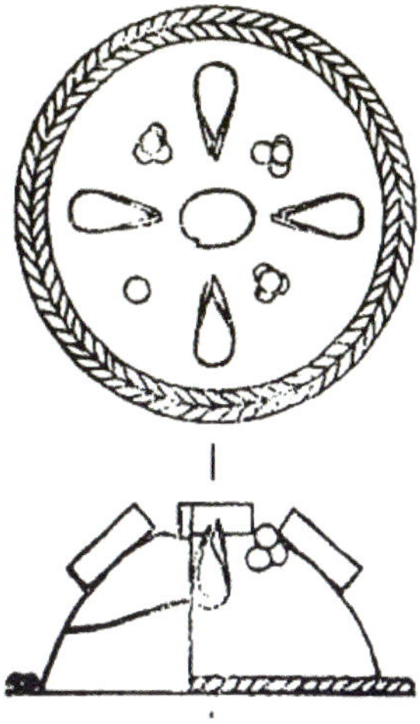

＜ 西汉 金花泡 南越王博物院藏

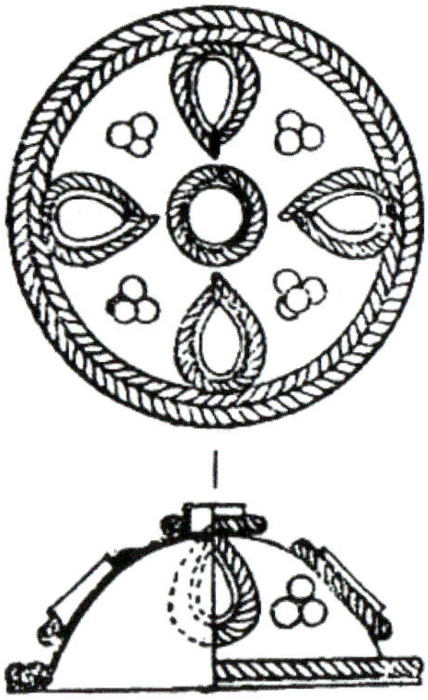

〈 西汉 金花泡 南越王博物院藏

世界最早的印花版模

两千多年前的汉代岭南，丝织技艺已有较高水平，丝织物的品种繁多，还出现了十分先进的彩色套印“印花机”，其工艺与后来的雕版印刷技术极为相似，采用一种巧妙的工具通过套印彩色颜料使织布形成繁复规律的纹饰，并在此基础上制成成衣。这种“印花机”出自南越文王墓西耳室，名为铜印花凸版。

这套铜印花凸版由大小两件组成，其外形为扁而薄的版状，正面有凸起的图案，背面光平，有一个穿孔的小钮，可以用绳系住，便于执握。大的凸版长5.7厘米，宽4.1厘米，整体图案像一棵小树，树顶部有旋曲的四簇火焰，为主纹版；小的凸版长3.4厘米，宽1.8厘米，像一个“人”字，下面的两角也是火焰状，为定位版。大的一件为主面纹版，小的印版应是印花时的定位纹版，二者工序分先后，功能不同。两块凸版出土时用丝织物包裹，附近还有大量碳化的丝织物同出，在这些丝织物中发现有灰白色的火焰形纹，与凸版的图样一致。

南越文王墓出土的铜印花凸版用于丝织物上的彩色套印。彩色套印术即在单块或若干块雕版上敷涂不同色的水性颜料，经过一次或数次刷印制成彩色文字和图案的印刷技术。据考证，南越工匠使用这套铜印花凸版时，需手持凸版在台板上按先横后竖的次序，盖图章似的逐个印制。在一米织物上进行彩色套印，需要依次印制约六百次，耗费巨大的人力物力。从南越文王墓出土的印花纱来看，花纹细致玲珑，未见印制花纹时颜料扩渗的现象，可见当时南越国已有十分先进的彩色套印印花技术。

彩色套印技术也在同时期汉墓中有所体现。长沙马王堆一号汉墓曾出土两件成幅的泥金银印花纱，花纹的外形为菱形，用 2 ~ 3 块印花板分金、银、朱色 3 次套印而成。其纹饰和工艺与南越文王墓出土的印花纱局部花纹接近，应为同类型铜印花凸版套印而成。马王堆一号墓出土的泥金银色印花纱为南越文王墓铜印花凸版提供了彩色套印织物的实物资料，也实证了两千多年前中国丝织业彩印技术之高超。

这种彩色套印技术和印花凸版的使用多见于 7 世纪之后，所以南越文王墓出土的铜印花凸版为目前发现最早的彩色套印工具，在纺织工业史和世界科技史上有非常重要的价值，对中国印刷史也具有重要的意义。为研究古代纺织印刷技术提供了宝贵的实物材料，也为现代纺织印染业的发展提供了技术原理、工艺灵感和文化支撑。尽管现代印染技术已经高度机械化和自动化，但传统印染工艺因其

< 西汉 铜印花凸版 南越王博物院藏

〈 铜印花凸版纹饰示意图

独特的艺术价值和文化意义仍然受到重视。铜印花凸版的发现提醒我们，传统工艺与现代技术相结合，可以创造出具有独特魅力的产品。

陶俑座灯里的海上来客

中国的器物在不同时期呈现的样貌千姿百态。石器时期的陶器质朴，商代的青铜器狞厉，周代的玉器细腻，秦汉时期的器物则类型繁复，兼顾实用性与艺术性。

在岭南汉墓中，有一种独特的明器，名为俑座灯或托灯俑，是一种人俑造型的灯具。这种俑座灯多用陶土制成，外形为奴仆形象的俑跽坐或箕踞而坐于地，头顶或手托灯盘，俑的形象有别于中原地区汉墓出现的人俑形象，甚至与岭南汉墓出现的其他人俑也不相似。从面部看，他们有着高鼻大眼，颧骨略显，脸上有须，下颌稍宽于额部，脸庞较窄；在穿着上，更是不拘一格，多数赤身光脚，胸部及四肢的毛发十分明显，部分人俑头部缠巾或戴冠；从人俑姿势来看，俑座灯中的人俑多为跽坐、箕踞或双脚交叉等，这些姿势在汉代为位卑者的特征，加之人俑多裸体跣足，手托灯盘，呈屈服姿势，故而这些人俑的人物原型应为底层劳动人民，极有可能是汉代岭南地区官员或豪富之家中的仆人。

以人托灯，且为异族人形象，让人不禁浮想联翩：这是不是两千年前漂洋过海而来的外国人呢？

<

西汉 陶胡人俑座灯 广州市文物考古研究院藏

< 西汉 陶胡人俑座灯 广州市文物考古研究院藏

以 1999 年在先烈南路大宝岗工地 M5 出土的陶俑座灯为例，这一陶俑座灯为灰红胎，胡人形象，眼睛细长，高鼻梁，尖长下巴，连腮胡子，头发束于脑后折向前成髻。俑的面貌、体格和着装均具有典型域外人种特征，说明汉代已经有来自东南亚、南亚地区的外国人到广州等地从事家庭劳役等工作。这也反映了西汉中期至东汉后期岭南地区与海外的人口流动情况。

岭南南临大海，番禺港、徐闻港和合浦港是当时中国著名的对外贸易港口，而岭南以北与中原有着山岭隔绝，因此这些胡人极有可能是“海上来客”，是在货品贸易中，从东南亚或南亚等地被贩卖至岭南地区的奴隶，并逐渐成为官员或豪富之家彰显财富、地位的一种标志，故而被塑成人俑形象置于墓中陪葬，成为岭南汉墓常见而岭南以外墓葬罕见的一种明器。

广州作为商贸港口，两汉时期对外文化交流频繁，时代缩影在一座陶俑座灯中，连接着古往今来。这是中国秦汉时期海上丝绸之路逐渐成型的重要物证。

铜熏炉与海上丝路的芳香传奇

古人热爱焚香，燃一炉香，烟雾缭绕，香气氤氲于居室，仿若置身仙境，让人心旷神怡。而在岭南，焚香的历史久远，其习俗的形成与地理环境紧密相关。

岭南地区处于热带与亚热带之间，多雨潮湿，容易滋生蚊虫、郁结瘴气。在这种自然环境下，岭南人亟需驱蚊和祛瘴，以利消毒和驱除异味，熏香的习俗由此而起。从春秋战国时期开始，熏香便兴起于岭南各地。时人将薰草、古兰、郁金、茅香等香草用于香身、熏香、辟秽、祛虫、养生等诸多方面，并有佩戴、熏烧、熏浴、饮服等多种用法。

随着熏香风尚的逐渐流行，专门用于熏香的室内生活器具熏炉也应运而生。根据出土文物可判断，岭南地区在南越国时期，已有熏炉出现。熏炉应是受中原文化或楚文化影响的产物，这种源自中原的家居好物在潮湿的岭南地区得到了更为广泛的使用。

南越国时期的熏炉，主要分为分豆式方形熏炉和豆式圆形熏炉两种。南越文王墓出土的多件铜熏炉，均为豆式方形熏炉。其中，有五件四连体铜熏炉，为同时期其他汉墓所未见，应是南越国独有的宫廷用器。四连体铜熏炉炉

< 西汉 四连体铜熏炉 南越王博物院藏

＜ 西汉 陶熏炉 南越王博物院藏

＜ 西汉 铜熏炉 广州博物馆藏

体由四个方口圜底小盒组成，平面呈“田”字形，各小盒互不通连。座足中空，可以见到炉体浇铸的柱状浇口。这种熏炉的炉盖、炉体盒、座足应是分铸的，四个分离的炉体内铸成后，嵌入座足的内范中，在浇铸炉足时才合成。熏炉的炉形与所使用香料及点燃香料的方式有关。我国古代早期多采用焚烧熏香的方式，使用的香料多为茅香等草本植物料。为使香草充分焚烧，熏炉的炉身下部或底部往往镂有进气孔，炉盖上也镂有出烟孔，豆式熏炉由此产生。

然而，草本植物香料焚烧后香气散发快，难以持久。随着海路的开拓，香气更为持久、以乳香为代表的树脂类香料进入岭南地区。南越文王墓西耳室出土的一件漆盒中放有乳白色块状物，经测定即为树脂类香料——乳香。乳香主要产于阿拉伯地区的红海沿岸以及南阿拉伯半岛，可见，乳香在西汉初期就已经传入中国了。

香料的变化引发了炉形的改变。由于树脂类香料需要采用隔火熏香的方式，为适应树脂类香料缓慢燃烧、徐徐发烟的特点，熏炉往往炉身较深，炭火置于炉底，炭火上放置隔火的银箔或云母片，树脂类香料再放置其上，熏炉下部的进气孔缩小或完全封闭，炉盖增高，盖上的小孔也更为稀疏。

千年的时光，凝聚在一缕香中，而后涣散开来，静默地流淌进岭南活色生香的日常生活。浓郁的香气经年流转，历史的尘烟曾为此驻足，不动声色，却最经得起流连。

中西合璧的银盒

凸瓣纹银盒是古代舶来品的先驱，融合了锤鍱技巧和仿生花纹，是典型的洋为中用，生动诠释了岭南文化对异域审美的兼收并蓄。

这件银盒发现于南越文王墓墓主棺椁的足箱中，整体呈扁球形，器壁光滑，保存完好，出土时银盒中还保留有黑色丸状物。由于南越文王赵眜崇尚黄老之术，随葬有羚羊角、五色药石等药品，专家推测这件银盒也为盛放药丸之用。只可惜时隔两千年，这些药丸的功效已不得而知，而从成分更为明确的五色药石可发现，南越王喜食富含矿物质和重金属的丹药，以求长生不老。

这样一件盛放药品的容器，与典型的中国器物有着明显不同，其造型和纹饰充满了异域特色。银盒整体由银质器身和盒盖以子母口相扣而成，表面饰有交错的凸瓣纹，每圈各两排，每排 26 枚，排列紧凑而精致。银盒盒盖上焊有三个小凸榫，器底附加鎏金铜圈足座，锈蚀较为严重。

时隔两千余年，已难以想象这件精巧的银器是因何踏海而来。在遥远的古波斯帝国，在表面锤鍱出凸瓣纹的金银器曾流行一时。所谓锤鍱法，又称打作法，指工匠利用

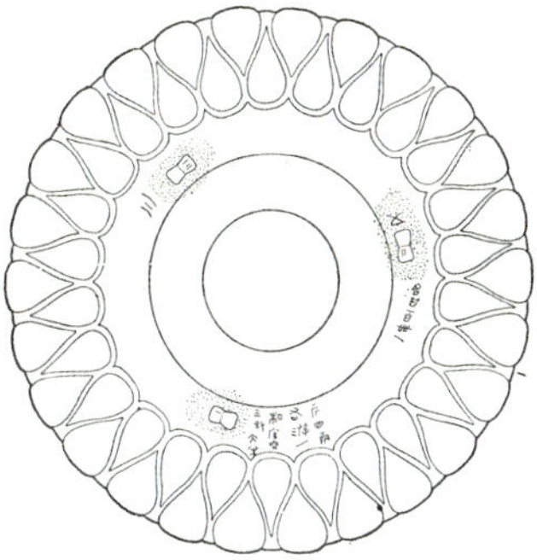

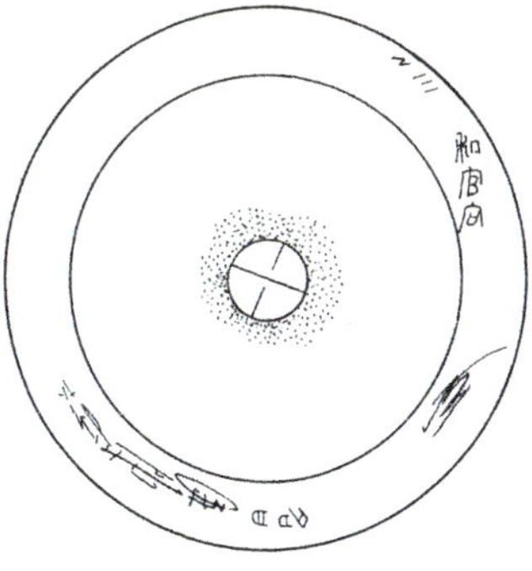

西汉 蒜头纹银盒 南越王博物院藏

金银质地较柔软、延展性强的特点，将金银锤打出各种形状。这种金属器加工的锤鍱技法是在古波斯阿契米德王朝时兴盛起来的。至今仍有多件这一时期的凸瓣纹金银器精品存世，如美国大都会艺术博物馆的大流士金笸罍、华盛顿弗利尔美术馆的阿塔西斯银笸罍以及伊朗国家博物馆的薛西斯金笸罍。

尽管这些金银器上的凸瓣纹与南越银盒相似，但是仔细观察，造型却并不一致。传统的波斯笸罍多为碗状，无盖、无座足，而这件银盒底部装有鎏金铜圈足，器盖上有三个钮座，有明显的加工痕迹。加了鎏金铜圈足后的银盒，造型接近中国古代豆形器，应为中国工匠加工而成。盒盖上的三个凸榫原本用于套上钮饰，凸榫上分别刻有“Ⅰ”“Ⅱ”“Ⅲ”的记号。经检验，凸榫的银含量及金铜等元素与银盒器身并不一致，此外银盒盒盖上刻有三组铭文记录了器物信息。

据此可以确认，南越文王墓出土的银盒从西方通过海路而来，有着典型的波斯文化特点，作为舶来品被南越贵族所珍视。为便于使用，当时的工匠根据中国器皿的特点加装了盖钮和圈足，故而具有中西合璧的特色。值得注意的是，这件兼具中西特色的南越银盒并非孤例，在山东青州战国墓、山东临淄西汉墓、安徽巢湖汉墓以及江苏大云山汉墓均有相近和类似器物出土。据统计，这些银盒集中于战国末期至西汉早期，出自我国东部或南部沿海及其邻近地区的高等级贵族墓。

融合了中西方特点的银盒，被献给南越王赵眜后，盒中放置了赵眜追求永生的期冀——药丸，被珍视的程度可见一斑。

这件小小的凸瓣纹银盒，以其独特的锤鍱技法和立体对称的波斯花纹，讲述着广州这个千年商都最初的海上故事。在这里，中西方的工艺和审美交融碰撞，形成完美的工艺品，传承千年，惊艳世人。

穿越时空的“蜻蜓眼”

“蜻蜓眼”玻璃珠，是指以眼睛图案作为装饰的玻璃珠。在珠体上嵌入一种或数种不同于母体颜色的玻璃，在表面形成多层圆环状纹饰或圆环状凸起,类似蜻蜓的复眼。西方学界称之为“眼式珠”或“复合眼式珠”。这种珠子的制造方法多样，多以其形制命名为“蜻蜓眼式玻璃珠”。

“蜻蜓眼”玻璃珠源于西方，可追溯至古代地中海沿岸和伊朗高原。目前最早出现于古埃及第十八王朝，象征着古埃及人对天神之眼的崇拜。传说其承载着神秘的力量，可作为护身符，或作为坠饰或串珠使用。这种玻璃珠很快在北非、西亚以及南欧等地中海周边地区广泛流行，后经欧亚草原，伴随着游牧民族向东的迁徙和贸易往来，最终在春秋末战国初传入黄河中下游和长江流域。

西方“蜻蜓眼”玻璃珠进入中国后，逐渐融入本土文化，护身符的功能被削减，更多成为彰显身份地位的珍宝。它们多以颈饰、腰饰、腕饰等被墓主贴身佩戴，也作为点缀装饰于带钩、铜镜等器物上。西汉时，它们还被应用到“组玉佩”中，被纳入传统礼制的范畴。

六件“蜻蜓眼”玻璃珠在西汉与东汉墓葬中被考古人

员小心翼翼地清理出来。其中有两件出土于南越文王墓。一件是右夫人A组玉佩中的组件，它呈圆形略扁，青绿色的底色上，镶嵌着八个蓝白相间的多层圆圈纹，最里层的蓝色“瞳孔”偏于一侧，仿佛是神灵之眼，注视着世间万物。另一件出土于西耳室，呈短圆柱形，黑色的珠体上同样嵌有白、绿两色多层同心圆圈，白色的联珠点纹组成双线菱形纹饰，将这些圆圈巧妙地分隔，菱形尖角处的双层同心小圆圈，更显得匠心独运。还有一件出土于先烈路黄花岗的西汉前期墓M3，它呈圆球形，两端略平，黑色的珠体上嵌有白、绿两色多层同心圆圈，白色的联珠点纹组成单线菱格，将这些圆圈巧妙地分隔开来，菱形尖角处的双层小圆圈，更增添了几分精致与灵动。

这三件“蜻蜓眼”玻璃珠经检测均为铅钡玻璃，为中国制造。尽管数量不多，但却以各自独特的形态和纹饰呈现、反映了秦汉时期中原地区玻璃制造业对岭南地区的直接影响。

到了东汉时期，广州地区仍可见这种玻璃珠。目前考古发现的三件东汉时期的“蜻蜓眼”玻璃珠，表明此类玻璃器在岭南的延续，也反映了广州与周边地区的先进技术、文化的融合。

<西汉 『蜻蜓眼』玻璃珠 南越王博物院藏

<西汉 『蜻蜓眼』玻璃珠 广州博物馆藏

< 西汉 右夫人组玉佩 南越王博物院藏

「蜻蜓眼」玻璃珠

海上丝绸之路的珠光宝气

早在汉武帝时期，汉王朝就已派遣使团携“黄金杂缯”到东南亚、南亚一带交换“明珠、璧流离、奇石异物”。这些通过海上丝绸之路引入中国的“璧流离”与“奇石异物”主要包括琉璃、水晶、玛瑙和黄金等珠饰，今多发现于墓葬之中。由此可见，珠饰是岭南丰饶物产之代表，同时海上航路的开辟也为珠饰的传入提供了交通之便。

广州考古发现的两万余颗汉代珠饰，材质丰富、形制多样、色彩斑斓。有的从域外直接输入，有的从内地流传而来，有的为本土制造。从工艺上看，本土制造的或是对异域风格器物进行仿制，或是对进口材料进行本地加工。

在众多绚丽夺目的珠饰中，有一套奢华精致的古代珠宝——西汉的金玉水晶绿柱石琥珀玛瑙红玉髓绿玉髓玻璃石榴石珠串，堪称“种类之最、贵重之最、精美之最”，体现了汉代岭南地区极富异域特色的审美风尚。

这套珠串包含 114 颗不同材质的珠子，宛如漫天的繁星：焊珠多面金球 1 颗，纺锤状小金珠 8 颗，算珠形小金珠 1 颗，紫水晶 6 颗，黄水晶 2 颗，无色透明不规则棱柱形绿柱石 2 颗，圆形、系领形紫红色石榴石珠 33 颗，青白和紫色玉珠各1颗，青白玉璧状和小鸟状小玉珠各1颗，椭圆形、榄形琥珀珠4颗，胜形、狮形琥珀饰件4件，圆形绿玉髓珠1颗，橘红玉髓小珠29颗，缠丝玛瑙珠3颗，红色、绿色、蓝色小玻璃珠15颗……色泽丰富、造型各异，串接成了一个灿若星辰、如梦似幻的世界。

目前广州出土的汉代珠饰有红玉髓、玛瑙、蚀刻石髓珠、水晶、绿柱石、石榴石、绿松石、琥珀、黄金等材质，种类繁多，形式多样，如蜻蜓眼玻璃珠、夹金或夹银玻璃珠、短柱形马赛克珠、多面体或瓜棱形费昂斯珠以及多种绿玉髓珠等。色彩斑斓也是汉代珠饰的一大特色，除了七原色（红橙黄绿青蓝紫），还有深色调的棕（褐）色和灰色、清透的白色和透明色、深黝莫测的黑色等。其中，以蓝色系、蓝绿色系为主的玻璃珠数量最多，其他还有橙红交错的红玉髓、潋滟通透的各色水晶、色彩交叠的缠丝玛瑙等。

汉代珠饰是岭南与东南亚、印度、西亚等地区海上贸易的重要货品，它见证了岭南与周边地区文明的交流、融合与延续，展示了古代岭南人的审美与精神风貌，重现了汉代广州“珍奇荟萃、商业繁华”的生动历史画卷。

< 西汉　珠串饰　广州市文物考古研究院藏

〈 西汉 玻璃红玉髓玛瑙水晶珠串饰 广州市文物考古研究院藏

老城里的域外秘境

清真先贤古墓　怀圣寺光塔

在广州兰圃之侧，有一处先贤古墓。如果不留意牌坊，人们很难发现这里竟是众多伊斯兰教徒的古墓。墓园中有一方立于清嘉庆七年（1802）的“四十位先贤”碑，记载了一个富有寓意的故事。

据说唐贞观年间，有四十位伊斯兰先贤追随阿德·宾·艾比·宛葛素入华传教。在途中做礼拜时，遭一强盗劫掠财物。先贤们出于虔诚，即便强盗刀斧加身，依旧祷告。强盗手执利刃将他们一一杀害，但当杀完最后一人时，强盗忽生悔恨，竟然惭愧自刎。后来人们将四十先贤遗骸与强盗尸首一同葬于墓园，并立碑记录。尽管宛葛素是否来华尚存争议，但现在中外伊斯兰教徒都把宛葛素及四十先贤奉为传教圣贤。

中国与阿拉伯国家的友好交往最早可以追溯到唐朝初年。7 世纪初，穆罕默德在麦加创立伊斯兰教后，穆斯林便十分热衷于通过海路向外界传播教义。唐高宗永徽二年（651），大食（唐人对阿拉伯帝国的称呼）正式遣使与唐通好。

当时的广州首开市舶，通四夷，包括阿拉伯地区在内的各国商船络绎不绝地往来贸易，商人们在夏季乘着西南季风而来，冬季乘着东北季风而返。不少外商为等待季风回航，逐渐演变成蕃客“住唐”的习俗。据载，当时聚集在广州的外商多达十万余人，穆斯林尤为众多。为便于对他们进行管理，唐朝官府将外国人和本国人居所隔开，在广州城外、光塔码头周边筑石为城，设立“蕃坊”，怀圣寺、清真先贤古墓等一系列具有域外特色的建筑逐渐在广州出现。

蕃坊的穆斯林为纪念先知穆罕默德，方便进行宗教活动，在坊内修建了光塔和中国第一座清真寺，即怀圣寺。由于唐人称阿拉伯国家为狮子国，且寺中有一光身柱形塔，该寺又被称为“狮子寺”“光塔寺”。每逢礼拜日，穆斯林云集寺中，低诵《古兰经》。怀圣寺与光塔同为唐宋时期广州城西蕃坊内的重要建筑，是唐宋以来到广州贸易以及定居的阿拉伯商人最重要的宗教活动场所，也是伊斯兰教通过海路传播到中国的第一站的直接见证，与扬州仙鹤寺、泉州清净寺、杭州凤凰寺并称为中国四大清真寺。

寺西南处，珠江边上，高达 36.3 米的光塔高耸入云，“望之如银笔”，这是用广东沿海常见的蚌壳、螺壳等建造而成。据寺中阿訇杨棠先生考证，“光塔”一名，可能源自阿拉伯语“麦那尔”的译意，意为“光亮之塔”；也有可能是波斯语“邦克”的译音，意为“宣礼”，其作用

^ 19世纪末清真先贤古墓旧影

∧ 怀圣寺看月楼与光塔

是呼唤穆斯林前来礼拜；粤语“邦克”的“邦”与“光”谐音，广州人喊着喊着，就讹音为“光塔”。

光塔矗立在古珠江北岸，居高临下，作为商船引航的灯塔。此外，光塔还是祈求季风的场所，每年四到六月，阿拉伯人便登上塔顶，远望江面，鸣鼓诵经。

位于广州桂花岗的回教遗存先贤古墓，同样被穆斯林视作“小圣地”。相传唐贞观三年（629），宛葛素去世，信徒营建清真先贤墓安葬。此后，墓园中陆续安葬伊斯兰传教士和众多信徒。元代中国境内的穆斯林被称为“回回”，因而这里古称“回回坟”。

墓园由外陵和内陵两大部分组成，外陵主要建筑是礼拜殿，内陵是墓园，园内主道两侧安葬着唐代至清代数十位穆斯林名人。主道尽头是一座方形圆顶的“拱拜尔”式阿拉伯建筑，室内筑成拱顶，作穹窿形，犹如悬钟，在室内诵经或讲话，回声响亮，故又称“响坟”。墓室西、南面还建有广府样式的拜殿、方亭等房舍，体现了阿拉伯和中国的丧葬习俗以及建筑艺术的结合。

先贤古墓园内还安葬了一位身份独特的元代穆斯林，名为剌马丹，高丽人氏。13世纪初，随着元朝建立，高丽国顺势归附，两国的交往联系日益频繁。剌马丹出仕元朝期间，侨居于元大都宛平县，元至正九年（1349）在赴任广西陆川县“达鲁花赤”（相当于县令）途中不幸逝世，年仅三十八岁，当时正好途经广州，由此安葬在清真先贤古墓。刺马丹墓碑于1985年被发现。墓碑材质为肇庆端石，四沿刻有伊斯兰图案，中间为九行阿拉伯文，两侧各有一列楷书汉字。阿拉伯文内容由两段《古兰经》的常用警句和一段叙述墓主情况的文字构成。左侧汉字则述说了安葬的日期和地点。

此外，先贤古墓还保存多种碑刻及牌匾，包括元代以来的来华伊斯兰教徒墓碑、土地捐赠及寺产买卖碑、历年穆斯林献匾及政府告示，如清乾隆十六年（1751）《土耳其汗志·马罕默德墓碑》及《二十八位外籍瞻仰者人名阿拉伯文碑》等，它们与《刺马丹墓碑》都是不同时期伊斯兰教在华传播的见证，对研究伊斯兰教在中国的传播具有重要意义，同时也是中国文化以自身的习俗和传统接纳、融合外来宗教元素的体现。

沧海桑田，随着珠江不断缩窄，海岸变成了街市，蕃坊也逐渐远离岸堤，许多相关的蕃坊建筑已消失不见，唯有怀圣寺和光塔，历经近一千五百年仍岿然独存。今天人们还可以沿着那段不太长的光塔路，绕着古老而又充满生机的清真古寺和光塔，看看那些风格独特的牌坊，想象一千年前阿拉伯商人在前往光塔路上的热闹景象。

〈元　刺马丹墓碑拓片　广州博物馆藏

︿ 先贤古墓道石牌坊

南海神庙的“海事”见证

南海神庙

南海神庙，又称波罗庙，位于广州市黄埔区庙头村，始建于隋开皇十四年（594），是古代皇家祭祀海神的场所，也是中国现存历史最悠久、规制最完整、规模最大的海神庙。

南海神庙内矗立有唐、宋、元、明、清历代碑刻，被誉为“南方碑林”。这些碑刻对于研究岭南文物典章、风俗习惯和书法艺术有着极为重要的价值。其中最引人注目的是韩愈所撰的《南海神广利王庙碑》，这是庙内现存最早的碑记，被誉为“广州第一唐碑”，碑文中出现的“海事”一词，为中国历史文献最早所见。

唐元和十四年（819），刚当上刑部侍郎的韩愈上疏《谏佛骨表》，以“佛不足事”为由，坚决反对唐宪宗拜迎佛骨。宪宗皇帝览奏后大怒，在裴度、崔群等大臣求情之下，韩愈才免于极刑，改为贬至八千里外的潮州。

韩愈怀着满腔悲愤，拖家带口离开长安，一路风尘仆仆来到岭南。在潮州主政的短短八个月中，韩愈除了为当地百姓兴修水利、除鳄毖害，还上奏章向皇帝认错。唐宪宗大概怒气消了，旋即把韩愈改调袁州刺史。

韩愈由潮州移任袁州时，时任广州刺史、岭南节度使的孔戣邀请他为广州南海神庙撰碑，他对孔戣祭南海神“每受诏，自犯风波而往”的行为所感动，允其所请。韩愈在《南海神广利王庙碑》中，详细记载了孔戣三次祭南海神的情况以及治理广州的德政。此碑由书法名家、循州刺史陈谏书写，名匠李叔齐镌刻而成，人称“三绝碑”。

根据韩愈的描述，南海神庙在“广州治之东南海道八十里，扶胥之口，黄木之湾”。扶胥港是广州出海进入大洋所必经的交通孔道，《新唐书·地理志》中记载的“广州通海夷道”，就是以南海神庙前的扶胥港古码头为起点的通航之路，经东南亚、印度洋，可以远抵东非海岸。

扶胥港是唐宋时期到广州贸易的外国货船停泊之所，历来被认为是广州的外港，中外客商在古码头出海航行前后，都要在这里祭拜南海神。在当时人们的观念中，南海神法力无边，大到国计民生，小到疾病孕嗣，都能施恩显灵。

隋开皇十四年（594），因廷臣建议，南海神灵应昭著，宜立庙奉事，于是隋文帝授意在广州“近海立祠”。初唐武德年间，还规定立夏日在广州祭南海，祠官以广州都督、刺史充任，这是祭祀南海神的开始。

南海神的封号，因历代皇帝加封而越发尊崇。唐天宝十年（751），唐玄宗册尊南海神为“广利王”，“广利”意为广收天下之利。南海位于对外交通要道上，关系着王

∧「海不扬波」牌坊

〈 唐 韩愈《南海神庙广利王庙碑》 广州海事博物馆藏

朝的外贸收入，其地位逐渐上升，因而韩愈在碑文中说“南海神次最贵，在东西北三神、河伯之上”。曾对“佛事”大加鞭挞的韩愈，此时对南海神表现出了极高的尊崇。

宋人对南海神的崇拜达到了前所未有的地步，通商、平叛、降雨、驱邪治病都被认为是南海神显灵。最著名的一次，当属宋仁宗皇祐五年（1053），侬智高在广西起兵反宋，一度围困广州城，乱军正准备采取火攻，谁料天降大雨，广州城转危为安。广州官员认为这是南海神暗中保佑，助官兵剿贼，遂上报朝廷，请求褒奉南海神，于是朝廷加封南海神为“南海洪圣广利昭顺王”，甚至还给其许配了一位“明顺夫人”。此后元、明、清三朝都对南海神进行加封，达十数次之多。南海神享尽殊荣。

由于南海神庙闻名遐迩，不乏文人慕名寻访。

北宋元祐八年（1093），苏轼被贬到惠州，途经广州，就曾拜祭南海神。他登上南海神庙的小亭，俯瞰大海，只见烟波浩渺，万里无际，一轮红日从海中跃出。苏轼醉心不已，写就《南海浴日亭》一诗，感到“登以望海，渺茫无际”，小亭也因此改名“浴日亭”，“扶胥浴日”还被宋代文人墨客评为当时的“羊城八景”之首。

明代万历年间，曾写出千古名剧《牡丹亭》的汤显祖，流落广州时，南方港城的“临江喧万井，立地涌千艘”让他大开眼界。汤显祖游览南海神庙时，庙中的达奚司空像引起了他极大的兴趣，他描述“司空暹罗人，面手黑如漆”。《广东新语》中记载，相传达奚为波罗国来华朝贡使，“携波罗子二登庙下种。风帆忽举，舶众忘而置之。其人望而悲泣，立化庙左”。人们按其生前左手举额前望海舶归状，塑像祀于南海神庙中，神庙也因此被称为“波罗庙”。广州的波罗诞、波罗鸡、波罗江等称呼亦由此而来。

明代以后，随着海岸线南移，航道淤塞，原先“夷船聚泊之所”的扶胥港逐渐衰落，南海神庙门前只剩一小涌了，进出广州的外洋船只也逐渐改向碇泊琶洲。扶胥码头也湮没在泥土之下了。2005 年，在瑞典商船“哥德堡号”即将重返黄埔之际，建设南海神庙前广场时，人们在机缘巧合之下发现了明、清两代码头遗址，曾经的古码头才重见天日。

洋船往返跨越千年时光，从隋唐至今，虽然黄埔港四易其址，但一直是广州作为港口城市长盛不衰的历史见证。今日，南海神庙依然宫阙巍峨，海上丝路也延展得更为壮丽遥远。“扶胥浴日”的盛景虽已成为过去，但“海不扬波”的祈盼至今生生不息。

来自西亚的波斯蓝

广州作为中国对外通商的重要港口，自古以来都是海内外奇珍异宝的集散地。层出不穷的考古器物，是繁荣的海外贸易和东西方文化交流的物证。这件波斯蓝釉陶罐，便见证了一段南汉与波斯往来的历史。

波斯蓝釉陶罐，也称孔雀蓝釉陶罐。陶罐整体造型大方，通体施蓝釉，釉厚晶莹。口径 15 厘米，腹径 30 厘米，高约 60 厘米。出土时为一堆碎陶片，后经石膏修补和随色处理等步骤修复为一件较完整的大陶罐，但肩颈部三耳和底部缺失。这件陶罐器型较大，胎土非上等，火候不高，可能作为远洋航行过程中盛装淡水、香油、葡萄酒、蔷薇水等液体的储运容器。

在陶罐出土地点临近处，南越国—南汉国宫署遗址五代南汉国遗存中也出土了十余块波斯蓝釉陶片，为瓶、罐类器物的口沿和腹部残片。福州、扬州、宁波、桂林等中国唐代中晚期至五代之际的遗址或墓葬中也有类似发现，其中最为知名的波斯蓝釉陶瓶于 1965 年出自福建福州刘华墓中。

刘华是南汉国南平王刘隐的次女，嫁给闽王王审知次子、闽国第三主王延均，后唐长兴元年（930）逝世。刘华墓共出土了三件形制相似的波斯蓝釉陶瓶，其中一件器型最为完整的陶瓶整器施波斯蓝釉，釉色与广州出土的蓝釉陶罐或陶片极为相似，是一种以铜元素为着色剂的低温彩釉。根据广州出土的部分波斯蓝釉陶器标本检测，发现其釉料成分与我国传统铅釉系列区别较大,属于外来系统。这类釉陶器在中国的出土地点,除了广西桂林和容县之外,其他都是港口，因此可推断，这种来自西亚的伊斯兰孔雀蓝釉陶器内所盛装的贸易商品，可能在运达中国的港口后另换包装发往各地，陶器并未流入内地。

五代十国时期，岭南处于相对稳定的状态，南汉国执政者重视海外贸易，与外国商贾贸易往来愈加频繁。以波斯蓝釉陶罐为代表的海外珍宝，为今人拨开历史厚重的尘埃，重现了古代海上丝路的千年繁华画面——熙熙攘攘的广州港，载满货品的货船慢慢驶入港口，码头上的人们按捺不住喜悦与期待，为即将获得的海外珍宝而欢呼雀跃。

<南汉 波斯蓝釉陶罐 广州市文物考古研究院藏

< 南汉 南越国宫署遗址出土南汉波斯蓝釉陶片 南越王博物院藏

南汉玻璃瓶的故事

随着海上丝绸之路的开辟，来自异域的各种精美器物蹈海而来，影响了岭南地区的制造工艺。玻璃作为从西方输入中国的主要贸易品之一，其制造技术也由西向东传入中国。琳琅满目的玻璃器，见证着丝路商贸和文化的繁荣发展，也昭示着诸多古代文明的碰撞交流。

中国古代的玻璃，又称“缪琳琅轩”“琉琳”“流离”和“琉璃”等，其中“琉璃”一名较为普遍，多作为天然玉石和人工制造玻璃的统称。西汉以后，西方玻璃器逐渐传入，于是人们多将西方传入的玻璃称为“玻璃”，将中国自制玻璃称为“琉璃”。玻璃的主要化学成分、特征、微量元素、制作工艺等也因制作产地和历史年代不同而有所差异。

西方玻璃器早至西汉中期传入岭南。岭南地区发现的古代玻璃，既有本土生产的铅钡玻璃，如南越文王墓出土的西汉平板玻璃，也有来自异域的玻璃。

异域玻璃器皿可分为罗马玻璃、萨珊玻璃和伊斯兰玻璃等。公元前 7—8 世纪，伊斯兰玻璃兴起，并形成独特的玻璃装饰艺术，通过海上丝绸之路传入中国，对中国玻璃器产生了深远影响，这在广州南汉康陵出土的玻璃器上表现明显。

2003—2004年，广州市文物考古研究所抢救性发掘了南汉的两座帝陵——开国皇帝刘䶮的康陵（大有十五年，942）和其兄刘隐的德陵（可能为贞明三年，917）。其中康陵出土了较大的玻璃残片共141片，根据样品检测结果，推测属于伊斯兰玻璃。

从残破的碎片看，有碗、杯、瓶等，可惜破坏严重，绿色玻璃瓶是其中唯一一件可修复完整的器皿，经修复的玻璃瓶呈现较完整，高12厘米，口径5.2厘米，为湖水绿色，较厚处呈墨绿色。据研究，该玻璃瓶应为模吹成形，底部上凹，加工过程中有使用顶棒技术的痕迹。口沿不太规整，可以观察出经剪口、火烧制成的圆唇。康陵纪年伊斯兰玻璃器的发现不仅是对文献记载的印证，还为将来同类器物的断代提供了重要参考。

南汉是五代时期十国之一，这一时期海上私人贸易、官方朝贡活动都很活跃，广州作为海上贸易的重要港口，与阿拉伯半岛及波斯湾地区国家、南亚和南海诸国来往密切。南汉康陵出土玻璃器则为海上丝绸之路上的玻璃贸易增加了明证。

漫长的历史更迭中，玻璃一度极为珍贵，堪称奢侈品，当时的玻璃制造工艺，也印证了遥远年代人类文明的发展进程。

>

南汉 绿釉玻璃瓶 广州市文物考古研究院藏

八 南汉 南越国宫署遗址出土玻璃片 南越王博物院藏

古碑与三佛齐国

宋元丰二年（1079），一个风和日丽的吉日。来自东南亚三佛齐国（位于今印度尼西亚境内）的使者与广州地方官员一道，在今广州市海珠北路祝寿巷一片盛大的建筑群前，主持了一场庄严的落成典礼。这片建筑群所在地就是曾经的城中名胜——天庆观。宋皇祐四年（1052），一场大火将它烧成焦黑的残垣断壁，经 12 年的复建，天庆观终于在旧址上重新矗立。

这一切均记载在《重修天庆观记》石碑碑文中。

1949 年，人们在天庆观发现了这块题有《重修天庆观记》的石碑。碑中记载了三佛齐国首领捐资重建广州天庆观的始末，宋朝廷还封其官爵并予以嘉奖。碑石立于元丰二年（1079），即天庆观重修竣工之时。如今，此碑仍矗立在广州博物馆镇海楼碑廊，静静地诉说着一千年前的一段海路逸事。

宋朝与三佛齐王国之间遣使往来频繁。宋治平年间，三佛齐国国王派遣使者到中国入贡，途中遭遇飓风，几经波折才抵达广州，暂居蕃坊。当使者见到天庆观年久失修，满目疮痍，便联想到自身遭遇，提出要出资重修天庆观。得到广州地方官府批准之后，三佛齐国国王派专人来广州主持天庆观修复工程，12 年后竣工。这一故事，作为中国和印度尼西亚两国人民传统友谊的历史见证，被后人传诵。

碑中所记的天庆观，由来已久，早在唐朝已建，最初取名为“开元寺”。唐代，中国佛教盛行，全国大兴土木营造佛寺，不同地方都建有名为“开元”的佛寺。

到了宋代，开元寺改名天庆观，还从佛寺摇身变为道观。这和宋代道教发展兴盛有关。宋真宗在大中祥符二年（1009）诏示天下兴建天庆观，全国所建天庆观达千座之多，广州府、惠州府等地均有建。宋代的天庆观属于官设道观，地位较高，具有“镇服海内，夸示夷狄”的皇权象征意义。

这个时期,广州天庆观还与北宋大文豪苏轼有了交集。苏轼被贬岭南时曾短暂居于广州城。广州虽有甘溪、文溪，以及大量水井可用于饮水，但因近海，每当海水返潮，广州城的水质就变得咸苦至极，难以下咽。

苏轼不仅是文学大家，也是一位著名的饕客。他对美食有着非同一般的追求，对饮水亦特别讲究。无论烧菜、烹茶还是酿酒，水质都至关重要。当他来到天庆观时，发现观内有一处绝佳位置，于是命人在此凿井。凿井时发现了一块形如龟的石头，故取名“石龟泉”。由于苏轼的名

< 宋 《重修天庆观记》 广州博物馆藏

之歟蓋自指秦開之老君興於南唐之明皇感於玄元之

相老子著道德二經其言老氏之理非無而何頒皇至道家記天下開元

泰三陽祥符史

建天慶觀以藏石何者又都會處而之西南者斯觀為許是謂崇之大成也豈

上香閣中城之如延采香學無為根據於是義旅何付讓為非富而好道誠而承福

蕃飛航交集之地治平中有三佛齊地主都首羅地華迦羅遣親人至羅羅押舶

國中一親人回見地主其道其事於是欣然有向道崇奉之心至四年齊豐思輸

彈修嚴示可以復歸至二年有又果般舟遊歸回京

朝廻至三年地主又發親人附物及請藏山道士衆至住持古觀崇衣何德順寺

社觀供奉時會羅亞之德回繼以其尊人親書誥司壓之明持通何依德繼住持恃

微旅源風之聖繪

德住擁擬光集何見淵文復還未蓋而齊居閣金道門流於地室

安直探黄土其章奏顧倫金殷侈

設

關及之奮恭行設發一人持大雉起輕撫仍抬四十萬餘品四尺度三端

望，“石龟泉”成为天庆观的“打卡点”。明代时，该井还以“琪林苏井”之名成为“羊城八景”之一。

宋代以后，天庆观又数次改名。元代改名玄妙观；明代重修，名称不变，观中添建了苏轼像，纪念他凿井惠民之事；清代又更名为元妙观；民国时期，这里不复为道观，而苏轼当年所凿水井也早已被填埋，“石龟泉”消失在历史长河之中。

西村窑的海洋之旅

与秦汉时期出口商品以丝绸为主不同，宋代时瓷器开始成为最大宗的出口商品。当时，各地名窑瓷器齐聚广州，以待外销。《萍州可谈》记载，宋代在广州的船舶“货多陶器，大小相套，无少隙地”。这些装得密密麻麻的货物就是外销瓷。名窑瓷器通过广州转口，开辟了海外市场，同时高额的运输成本和瓷器易碎的风险，也给广州地区的瓷业发展带来了机会。

对北宋时期岭南制瓷业影响最大的，莫过于耀州窑。其生产的瓷器工艺独特，质量优良，是全国民窑中的佼佼者。广州本地瓷匠，秉持哪种瓷器好卖就仿造哪种瓷器的实用理念，通过对海外瓷器市场需求的观察，发现耀州窑销路很好，于是开始仿制，甚至直接使用了耀州窑的印模。在耀州窑的影响下，一个以仿制名窑瓷器、生产外销瓷为主的民间窑场——西村窑应运而生。最能表明两者之间关系的，当属西村窑的青釉印花缠枝菊纹碗，一般都是内底印一朵团菊，周壁印缠枝菊，纹样与耀州窑印花缠枝菊纹碗十分接近。当然，当时不仅是耀州窑，湖田窑青白瓷、黑白鲜明的磁州窑等都深刻影响了西村窑。

<

北宋 西村窑青釉凤首壶 广州博物馆藏

< 北宋　西村窑青釉彩绘花卉大盘　广州博物馆藏

西村窑出土的产品在国内少见，除了广州南越国宫署遗址等地发现一些外，绝大部分来自东南亚诸国，如印度尼西亚、菲律宾、马来西亚等，可见其产品以外销为主。西村窑西距增埗河约五百米，得水运之便，往西与珠江上流的北江和西江两条航道相通，往东可经黄埔港出虎门入海。窑场生产所需的原料和燃料可从西江和北江水道运来。产品装上海舶后，便告别两岸青绿的增埗河，进入潮平两岸阔的珠江河道，再抵达出海口，沿着漫长的南海航线一路乘风破浪，抵达世界各地。

西村窑产品吸收了大量外国元素。广州博物馆收藏了一件珍贵的西村窑凤首壶，造型源于波斯萨珊王朝金银器鸟首壶。鸟首壶是阿拉伯地区喜用的器具，流行于我国唐代，之后就基本消失了。这件青釉凤首壶以凤纹作装饰，明显地融合了中国传统风格，而在器形和装饰上与唐代相比又有了较大的变化，一改唐代装饰繁缛瑰丽的风格，简练实用。

此外，西村窑浅青釉划花大碗最能反映其目的地市场的特色。这件大碗内壁刻饰一周对称分布的六朵菊花纹饰，并辅以篦划纹，纹饰简练写意；外壁光素无纹，全器胎体较厚，尺寸巨大。这种大碗在东南亚、中东等伊斯兰地区深受青睐，这可能是因为当地人喜欢围坐一圈，用手抓饭食用，这种器型的大碗像是为他们量身定制的。

不过成也外销，败也外销。因海外贸易而生的西村窑，到了南宋便很快走向消亡。宋室南渡后，随着政治经济中心迁往临安，泉州港凭借其有利的地理位置迅速崛起，成为当时第一大港。商人逐利，纷纷前往泉州，广州港开始衰落，依赖外销的西村窑也停止了生产。虽然存在时间不长，但西村窑“墙内开花墙外香”，凭借着精美价廉的产品得到了海外人民的认同，更是北宋时期中国与海外诸国友好往来的见证。

威尼斯银币东游记

海洋，始终彰显着大明王朝富有四海、囊括寰宇的非凡气度。早在天下甫定的洪武三年（1370），明太祖朱元璋就在广东广州、福建泉州、浙江宁波建起了市舶司，专营海外诸国朝贡诸事。其中以广州最为兴旺，这里几乎集中了明朝与西洋诸国的贸易。明宪宗成化年间，朝廷政治黑暗，权宦梁芳擅权，他的党羽韦眷被任命为广东提举市舶太监。韦眷在广州时，四处敛财，以进奉为名，侵吞财货，诬告官吏，引起四方怨恨。明孝宗即位时，这个恶名昭彰的大太监被官员检举揭发，朝廷下令将他逮捕，韦眷死于押解途中，最后葬于广州。

1964 年 10 月的一天，广州铁路工人文化宫在扩大球场的平土工程中，无意中发现了一块倒下的墓碑以及用红砂岩砌筑的墓顶，通过石碑文字，可辨认出这是明代太监韦眷之墓。经考古发掘，墓中出土的三枚小小的外国银币很快引起了人们的关注，其中两枚是孟加拉银币，另一枚是威尼斯银币。这枚威尼斯银币尤为珍贵，现今世界上仅存两枚，另一枚藏于万里之外的威尼斯博物馆。

银币只有 1.402 克重，正面是威尼斯的保护神圣马可像。硬币中的圣马可面向前站立着，头顶一个光环，左手拿着一本《福音书》，把一面长杆军旗递给帕斯夸尔·马利皮埃罗总督。总督则侧面站立，右手接过圣马可给的军旗，左手拿着有关总督诺言的一卷羊皮文件。正中位置的旗杆刚好将银币的币面一分为二，图像的左侧边缘处有文字“PA.MARIPETRO”，是总督帕斯夸尔·马利皮埃罗的姓名，右侧则为“S.M.VENETI”，意思是“威尼斯圣马可”。介于图像和边缘文字之间的空白处，还有字母简写“P.Z.”，是铸币者波洛·赞卡里奥尔姓名的缩写，这位铸币工匠于1461年12月间在职，由此推断银币的铸造时间为1461年。银币的背面，救世主耶稣端坐在宝座之上，其左膝上放着圣书，头部有一个带十字架的光环，周围还刻有古老的铭文“TIBI.LAUS.ET.GLORIA”，大意为“赞颂和荣誉属于您”。

这种银币叫格罗索银币，起源于12世纪末，是威尼斯共和国为了整顿混乱劣质货币、满足对东方贸易需求而发行的，曾一度广为流行。但三个世纪过后，由于掺假问题日益严重，格罗索银币不断贬值，逐渐丧失货币信用。1472年5月20日，威尼斯元老院通过一条法律，明文禁止格罗索银币的铸造，并斥巨资100万杜卡托金币，从市场上回收格罗索银币，这种通行于威尼斯与东方的货币最终退出历史舞台。

威尼斯在14世纪曾实行一条法律，禁止从陆路输出

〈明　威尼斯银币　广州博物馆藏〉

＜明 孟加拉银币 广州博物馆藏

格罗索银币，只允许由威尼斯商人从海路带出。

这枚银币之所以漂洋过海出现在广州，很有可能是跟随阿拉伯商人或意大利旅行者到达中国，随后落入宦官韦眷之手。这些长期掌管海贸的太监们，对从外国来的事物倍感新奇，即使是一枚硬币，也往往表现出十足的兴趣，并将它带入墓中随葬。如今，银币得以重见天日，那段尘封已久的海贸往事也随之被世人知晓。

“哥德堡号”与东方古港

1745 年 9 月 12 日，当瑞典哥德堡港迎来清晨的第一缕阳光时，这座由瑞典名君古斯塔夫二世所重建的港城开始繁忙起来。停泊商船的码头却在此时发生了令人瞠目结舌的一幕：远航中国三十个月后，满载着茶叶、丝绸、瓷器、锌合金、香料等货物返回家乡的瑞典东印度公司巨型商船“哥德堡号”，在离港口只有 900 米，岸上的人们已经依稀可以看见船帆时，竟然撞上了海底暗礁，沉入茫茫大海。

“哥德堡号”是 18 世纪瑞典著名远洋商船之一，主要负责瑞典和中国之间的长途贸易。在那个还在使用风帆航行的时代，“哥德堡号”曾三次远航广州，最后一次到达广州后，于 1745 年 1 月 11 日从广州启程回国，船上装载着大约七百吨的中国物品，八个月后在家乡附近的海面沉没。

“哥德堡号”来华，其目的地主要是广州。清康熙二十四年（1685）解除海禁，设立江、浙、粤、闽四大海关；清乾隆二十二年（1757），由于外国商人“屡违禁例”，清廷下令撤销江、浙、闽三海关，独保留粤海关，指定广

∧ 清 象牙油画《黄埔锚地》 广州博物馆藏

〈清〉象牙油画《黄埔古港》广州博物馆藏

州为唯一对外贸易口岸，对粤海关也作出诸多限制，比如外国商船若要来粤海关，必先泊于澳门，向海防衙门办理申报手续，获批后才能从珠江口经珠江前航道溯江而上。珠江河口宽阔，虎门是进入珠江的第一道门户，过了虎门，河道逐渐收窄，沿江而上便是黄埔港，被清代来华外国人称为“中途岛”，因为此地距离虎门和广州城都是9公里。黄埔港是广州外港，外国商船必须在此碇泊，在粤海关黄埔挂号口和税馆办理关税手续，再将货物改用舢板船运输，由中方船只引导，驶至十三行商馆区贸易。

由于地处河口之内，又与内伶仃岛、澳门两地往来适中，黄埔古港繁荣了八十余年之久，一直持续到鸦片战争期间。据统计，1685—1757年间，西方国家来到黄埔港的商舶有279艘，其中就包括大名鼎鼎的“哥德堡号”。黄埔港上的粤海关，贸易总值也是逐年上升，据史料记载，1757—1784年粤海关的平均年税收为50万两白银，到了1821—1837年，达到了惊人的152万两。

这幅象牙油画《黄埔古港》如实描绘了两百年前广州黄埔港的繁忙景象。画中的黄埔港，各国帆樯云集，各种接驳小艇往来穿梭，一派繁华。正中央的小岛为黄埔挂号口所在，设有税馆、夷务所、买办馆和永靖营等机构，负责丈量船只，清查收税，管理外商。这类画通常外销，在广州口岸绘制而成，可以用布本、纸本、通草片、象牙、玻璃、菩提叶、贝壳等材质作画，题材包罗万象，从动植物、口岸风景到各行各业人物，涉及中国社会的各方面习俗，黄埔锚地就是最常见的题材之一。西方人来到广州后，喜欢购买这些外销画带回家乡，当作来自东方的“明信片”。

不仅如此，黄埔到广州的水道两岸景色如画，附近河道纵横，散布的村落和昼夜不息的船只构成了一幅宁静优美的岭南山水图画，让外国商旅十分沉醉，留下大量笔记和文字材料。1769 年游览广州城的英国人威廉·希基，将清代珠江河道景色与伦敦泰晤士河作了比较：“广州河道景色，就如伦敦桥下的泰晤士河一般繁盛，唯一不同的是我们有的是不同大小的横帆船，而你们有的是中国帆船，对刚抵广州的新访客来说，长河上绵延千里的无数大大小小的船艇景貌，令人叹为观止。”从黄埔岛经过两个小时左右的水上航行，便可抵达广州城。这是一座令无数淘金者向往的城市，它被高耸坚固的城墙环绕，城墙之外的珠江上各式帆船穿梭往来，满载着货物忙碌不停。这座犹如威尼斯一样的水上浮城充满了生机和活力，让漂洋过海而来的船长、水手、商人们兴奋不已，他们回到故乡后，又和亲朋好友讲述在广州的见闻，让这座富有的东方城市的名声，传播到万里之外。

鸦片战争之后，清廷被迫开五口通商，外国商船由木帆船变成了蒸汽船，可以沿着珠江长驱直入省河，不受清政府的约束。黄埔古港的作用逐渐减弱，后因河道堵塞变窄，港口迁至对面的长洲岛，名字沿用“黄埔港”。新的黄埔港与古港隔河相望，新旧相对。

然而人们从未忘却这座古港，2006 年 7 月 18 日，由瑞典新东印度公司耗资 3 亿瑞典克朗仿造的新“哥德堡号”，沿着古代海上丝绸之路航线驶抵古代海上丝绸之路的发祥地——广州。

260 多年的时光转瞬即逝，那个人声鼎沸的时代已经远去。如今的黄埔古港，依旧留存着随处可见的青砖石板路、镬耳屋、古树，往日繁华忙碌的时光痕迹，刻在古村子里的每一个角落，闻名而来的客人，不经意间就能触碰到那段海丝印记。

盛世锦纶

锦纶会馆

相传在西汉时期，张骞奉汉武帝之命，寻找黄河源头。他“乘槎溯源”，机缘巧合，竟来到天上的银河旁。此时织女正在织锦，张骞被那些美丽的锦缎所打动，便诚心向织女讨教。织女将织锦技艺传授给他，并送他一块支撑织布机的石头，石头上还刻有繁复的花纹。回到凡间后，张骞将织锦技艺传授给乡亲，并把那块支机石送给他们。乡亲们根据石头上的花纹织造出与织女所织一样的锦缎。后世的织工们根据这个传说，将张骞供奉为祖师爷，年年祭拜。位于广州西关康王南路的锦纶会馆，始建于清雍正元年（1723)，原为广州丝织行业股东公会，里面就供奉着张骞。广州丝织业的发展源远流长，早在南越国时期就能生产丝织品。南越文王墓的出土物中发现了大量丝织物的遗痕，并发现一大一小两件丝织印花板模，其被认为是迄今发现的世界上年代最早的一套彩色套印丝织工具。唐宋时期，广东的蚕桑养殖已经达到一年五收，南海（现广州地区）遍闻机杼声，“白氎（细棉布）家家织”。明清时期，珠三角地区掀起了“废稻树桑”的热潮，桑蚕养殖可以一年七收甚至八收。清初文人屈大均曾描述：“广之线

錦綸會館

<（清 绿色花蝶纹广缎

纱与牛郎绸、五丝、八丝、云缎、光缎，皆为岭外、京华、东西二洋所贵。”清代雍正年间的《广东通志》也记载，“粤缎之质密而匀，其色鲜华，光辉滑泽”，“金陵、苏杭皆不及”。广州出产的丝织品不仅进贡宫廷，还远销海外多个国家。

广州丝织业发展最鼎盛时期，从业者达三四万。丝织厂分布在上下西关、下九甫、十三行一带，由此催生了代表东家和工人各自利益的组织，即“东家行”和“西家行”。东家行是织号东家老板的组织，西家行是俗称机房仔的纺织工人的组织。在锦纶会馆兴建前，丝织业东家就在附近的关帝庙举办春秋祭祀和聚集议事，但关帝庙不是丝织业专用的祭祀场所，财力雄厚的东家们再三商议后，在雍正元年（1723），集体出资在关帝庙的东面兴建锦纶会馆。而人数众多，处于被雇佣关系的西家们，则聚集于中山七路的先师庙。

锦纶会馆头门，门额刻有“绵纶会馆”四个金字。会馆内，陶塑花脊，镬耳山墙，青灰砖墙，尽显幽静。左右两侧有两个木制小阁楼，称“金银小楼”，是演员化装更衣之处。旧时在会馆内举行拜祖师或聚会议事时，这里经常“咿咿呀呀”地唱大戏。每到唱戏时，仪门前搭个小舞台，中堂及天井便成了临时观众席，而演员就在小阁楼中做准备。大门内为一进院落，两侧墙上镶嵌有锦纶会馆的历代碑刻，详细记载了当年修建会馆的经过及广州丝织业历史、规章及劳资纠纷案例。院落后是会馆的核心建筑——供奉着张骞的锦纶堂。

现在会馆所在并不是原址。2001 年，为满足广州市城建的整体发展及第九届全国运动会的需要，广州市需要再开辟一条南北贯穿的主干道——康王路。锦纶会馆正好坐落在设计规划中康王路的中央。为求文物保护与城市发展有机融合，最终决定把锦纶会馆整体迁移到 100 米外的地方。工程人员运用平移顶升、转轨再平移的复杂技术，如同搬运水豆腐一般，让这座历史建筑安然无恙地到达“新居”。这是国内最早对中国传统建筑进行整体迁移保护的实例。

广州曾经的“五丝八丝广缎好，银钱堆满十三行”气象已经不再。尤为遗憾的是，当年红极一时的十三行商馆建筑早已在一场大火中化为灰烬，锦纶会馆的机杼声渐次隐没在康王路的寻常巷陌之中。好在这座广州唯一幸存的行业会馆风华依旧。人们走进会馆，抚摸着青砖，看着天井中的禅意景观，或许思绪会飘回数百年前那个属于广州丝织业独有的、机杼唧唧的黄金年代。

广绣与世界贸易

熙熙攘攘的北京路，不仅是广州现在最热闹的地方之一，也是清朝广州城最繁华的地方。今中山五路至西湖路一段，名叫双门大街，也叫双门底。这条街店铺林立，货品五花八门、琳琅满目。广州最早的药店、最早的西餐厅，均在这里开张。每逢佳节，这里都会举办各种的仪式和活动，热闹非凡。

在双门大街的中心位置，有一家名叫彩元绣庄的老铺。彩元绣庄不仅闻名广州，在外地也享有名气。它主营各式贡品、各省官服及相关配饰，尤其是广绣。

广绣是以广州为中心的珠江三角洲民间刺绣工艺的总称。广绣与潮绣合称粤绣，有“铺针细于毫发，下针不忘规矩”之美称。作为一种造型艺术，粤绣与湘绣、蜀绣和苏绣并称中国四大名绣，深受民众喜爱，同时也受到清朝宫廷和外国商人的追捧。清末在广州民间流传的一段顺口溜说明广绣的流行：“广绣广绣，广府名流。神功会景，官袍锦袖。荷包绣片，漂洋过埠。”

大约在清朝晚期，彩元绣庄最资深的匠人，耗费诸多时日，制作了一套以花鸟为主题的白缎地设色织绣挂屏，并以雕有八仙、“寿”字等图案的红木做成屏框。之后，这套花鸟挂屏一路北上，入贡宫廷，成为某位皇宫贵人室内的装饰。

时光荏苒，物换星移。随着清朝灭亡，这套花鸟挂屏也不知去向，曾经风光一时的彩元绣庄老铺，也随着紫禁城的衰落隐入沉寂。

1963年，在由故宫博物院拨交广州博物馆的一批珍贵文物中，赫然出现了这套花鸟挂屏。其中一屏“禄寿同春”左下角绣有“广东”“彩元绣庄”款，让这个传说中的知名老铺重现在人们眼前。这套广绣一百多年前，从广州入京；一百多年后，回归故里。人们终于可以一睹这套广绣作品的全貌了。

花鸟挂屏一共四幅，分别是“禄寿同春”“丹凤朝阳”“孔雀开屏”、“锦上添花”四个题材。每一幅挂屏都以不同的富有特殊含义的动物为主题，如“禄寿同春”屏以梅花鹿为主题，“孔雀开屏”屏以孔雀为主题，“锦上添花”屏则包含了锦鸡、绶带鸟、山雀、仙鹤等多种动物，一派喜庆之象。

这些主题富含典故和寓意。如“丹凤朝阳”屏，两只凤凰立于湖石之上，头羽飘飘，华丽的尾羽与湖石后次第开放的月季，祥和有序，意象出自《诗经》的“凤凰鸣矣，于彼高冈。梧桐生矣，于彼朝阳”，预示着瑞祥，是王公

< 清 红木雕八仙框白缎地绣花鸟纹挂屏 广州博物馆藏

< 清　广绣百鸟朝凤图座屏　广东民间工艺博物馆藏

贵族十分喜爱的题材。此外，画面中除了凤凰，还有仙鹤、鸳鸯等五种飞鸟，称为“五伦图”，分别代表父子有亲，君臣有义，夫妇有别，长幼有序，朋友有信。

从针法上看，四屏各有特色，极为繁复。针对绣品不同的部位和工艺效果，可以细分为续针、咬针、插针、风车针、扭针等，同一屏内甚至将多种针法集于一身，工艺之精妙让人惊叹不已。

精妙的针法，加上广州匠人将大自然中生机盎然的飞鸟禽虫与花草树木绣入其中，使得画面神韵灵动。如今，这套花鸟四挂屏藏于广州博物馆，依然在向人们娓娓讲述广绣的种种过往。

“中国风”法国毯

富有热带风情的棕榈树、巨大的圆拱顶建筑、跨越时空的地域界限，多种元素相映成趣，在画中徐徐展开。这幅名为“天文学家”的羊毛挂毯，融合了一系列异域元素，画面动静相融，令人印象深刻。

画中人物头戴清朝凉帽，身穿传统长袍，却有着西方人的深目高鼻。画面左下角的少年是清朝康熙皇帝，他与身旁的比利时传教士汤若望，各自手持两脚规，相互交谈，中间的贵族青年举着望远镜远眺，右边的白须老人则是另一位传教士南怀仁，再往右，是顺治皇帝与他的仆从，他们正在热烈讨论着科学问题。这件独特的挂毯制作于19世纪，生动展现了中国与法国文化交流的一段历史佳话。

17—18世纪，东方和西方同时出现了两位圣明君主：中国清朝的康熙皇帝，以及法国“太阳王”路易十四。这两位帝王有着十分相似的经历：年幼时登基，在权臣阴影笼罩之下成长，历经艰难，最终亲自执政，后致力于加强中央集权，四处开疆拓土。两位君王都对艺术事业怀有热情，热心支持艺术活动。

尽管这两位君主从未谋面，但互生好感。清王朝宫廷

> 清 『天文学家』羊毛挂毯 广州博物馆藏

中，很早就有欧洲耶稣会传教士的身影，他们为清廷编修历法，铸造火炮，深受重用。康熙皇帝 14 岁时，在紫禁城午门前，见证了一场传教士南怀仁与中国钦天监官员杨光先的日影观测比赛。传教士所编制的《西洋历法新书》，即今天所用的农历，被颁行全国。清初的历法之争，在少年康熙心里埋下了科学的种子，西洋的数学、物理、天文的精确性深深震撼了他，南怀仁更被任命为他的数学老师。康熙终其一生学习西方科学技术，其造诣在清代历任皇帝中首屈一指。

1678 年，在华传教士人数日益减少，为使在华传教事业后继有人，年事已高的南怀仁向欧洲各国发出公开信，呼吁派遣人员来华传教。欧洲诸国当中，法国反应最为热烈。彼时的法国刚刚取得了法荷战争的胜利，路易十四“太阳王”的称呼响彻整个欧洲大陆。为扩大影响力，意气风发的法王路易十四决定亲自挑选传教士出使中国，以便获得东方航路的地理科学资料，为未来开辟新的海上航线做准备。

1685 年 3 月 3 日，洪若翰、白晋、李明、张诚、刘应、塔查尔六名被冠以“国王数学家”头衔的传教士，受路易十四委托，从法国布雷斯特军港出发，历经三年艰辛，经由暹罗、宁波抵达北京，受到康熙皇帝热情接见。康熙任命白晋、张诚留在北京从事科学活动，其他人被派往各地传教。在使者们进献给中国皇帝的礼物中，就有路易十四的画像，与此同时，传教士们在中国撰写的诸多科研成果，也通过书信和著作等方式源源不断传回法国。

1693年，康熙令白晋以大清“钦差”的身份回到法国，招募更多传教士来华。回到巴黎后，白晋向路易十四面呈了十余万字描述康熙皇帝的报告，并为法国国王带去珍贵礼物——包括《易经》《本草纲目》在内的40余卷汉文书籍。

白晋等人在法期间对中国文化的宣讲，引起法国社会的巨大反响，中国风物成为凡尔赛宫和巴黎社会名流们津津乐道的话题。尤其是启蒙运动旗手伏尔泰，他将奉行儒学的中国当作开明专制君主制的典范，以此抨击欧洲基督教的一神教专制。在那个“距离产生美”的特殊年代，法国迅速掀起了“中国风”。

为了满足法国人对遥远东方的想象，欧洲的陶瓷、丝绸、挂毯手工工厂积极模仿中国手工艺制品的风格。巴黎近郊的博韦皇家手工挂毯厂，于1685年设计织造出第一套“中国风”挂毯，分为“便宴”“采菠萝”“天文学家”“皇帝出行”“狩猎归来”“皇后茶饮”六件，均以康熙皇帝为主人公，描述其奢华的宫廷生活。挂毯一经面世，大受欧洲贵族们的追捧，因而被多次织造。19世纪时，“天文学家”主题挂毯再次被织就，后几经辗转，于2014年被广州博物馆收藏。

这件挂毯的设计者实际上并未亲临东方，他们在作品中呈现的景象往往与现实中的中国风物相差甚远。例如挂毯人物背景后的中国佛塔，塔层异于传统的单数，为六层，甚至将中东、印度元素运用其中，因此形成了怪诞、梦幻、异域的特点。

这幅羊毛挂毯，不仅见证了一段世界文明发展史上交流互鉴的佳话，而且至今仍在讲述着那一幕迷人的东方传奇历史。

外销画中的水上浮城

“广为水国，人多以舟楫为食”，这是清代屈大均对广东人出行方式的细致观察。清乾隆时的英国使节马戛尔尼也描述道：“广州河面几乎为各种各样大大小小的船艇所覆盖，哪怕是最小的船只，都经常密密麻麻地挤满了人。”我们可以通过这些船只通草画一窥当年水上浮城的盛况。

最吸引人的是中国大帆船，即广东本地俗称的“大眼鸡”，这是广船的代表。因其体积较大、又有两到三根桅杆，欧洲人也把它称为中国战船。在《舢板和洋船》一画中，右边船只的船型首尖体长、上宽下窄，梁拱小且甲板脊弧不高，吃水较深，适合在广阔的南海和大洋中航行，常常载货到东南亚一带进行贸易。最引人瞩目的是船头的两只大眼睛，美国人亨特在《广州番鬼录》中就为何在船头画上两只大眼睛提出了自己的见解：

对中国帆船船头的眼睛，产生一种说法，“没有眼睛，不能看见”，外国人以为中国人认为它有看见和避免危险的力量，这是完全与事实不符的。出海的中国帆船的船头表示龙头，阔大的嘴巴和浑圆的眼睛，正像美国船上刻有

< 清 通草画《舢板和洋船》 广州艺术博物院藏

< 清 通草画《红头船》 广州艺术博物院藏

> 清 通草画《渡船和运米船》 广州艺术博物院藏

鹰一样，并没有赋予什么神秘力量。

然而，屈大均对此的回答更为准确："其漂洋者曰白艚、乌艚，合铁力大木为之，形如槽然，故曰艚。首尾又状海鳅，白者有两黑眼，乌者有两白眼，海鳅远见，以为同类不吞噬。"这里的海鳅，可能是指鲸鱼。而广船使用铁力木造船，船体坚固，可以安全穿越暗礁密布的南海，还能防止虫蚁的啃食。至于画中左边的舢板，则是一种小型运货船，没有甲板，依靠船夫摇橹前行，只适合在内河短途航行。

粤东潮汕地区的船只又略有区别，流行一种铁力木打造、船头和桅杆一半油漆朱红色的三桅红头船。模样在通草画《红头船》中可见。这种船最初是从海外运输大米回国，后改运利润较高的舶来品，如南洋的象牙、犀角、珠宝、木料、香料等物产，再从广东运瓷器、粤绣、牙雕、木雕、丝绸等往南洋，获利丰厚，成为粤东沿海与东南亚各国贸易的象征。

在内河贸易中，贩米船是通草画的另一个重要题材。广东自明代万历年间开始出现缺粮的现象，至清代更趋严重，长期需仰赖从广西、湖南等邻近省份以及越南、泰国等东南亚国家输入米粮。西江是湖南、广西米谷经水路运入广东的主要运输线。《渡船和运米船》中右边所画的船只，就是行走在西江上运送米粮的运米船。据记载，在西江上，这类谷船“舟帆络绎”“樯帆不绝”。当时“河流畅利，西省谷贩仍用大船载运”，大小不一的运米船穿梭于珠三角各市镇之间，运送粮食。画面左边的是人货并载的渡船，广州人喜欢将珠江喊作“海”，前往“河南”（今广州海珠区），叫作“过海”，因此这种小渡船又被俗称为“过海艇”“横水渡”。

清代广州的船艇，远不止这几种。繁忙的商业活动使得种类繁多的船只活跃在广州纵横交错的河道上，同时滋养了一批数量非常庞大的水上居民。船上人家囊括了生意人、郎中、工匠、裁缝、剃头匠、算命先生等，各行各业都有，俨然形成一座水上街市。

清末以后，珠江航道上的木帆船渐渐被蒸汽船所替代，不少河涌和船只湮没在城市建设的浪潮之中。幸运的是，我们还可以通过一幅幅通草画，想象当年珠江水上船影斑驳、橹声交错的景象，追忆这座东方水城的旧貌。

玻璃画上十三行

清乾隆二十四年（1759）六月，北京城气温渐高，尘土飞扬。此刻紫禁城养心殿中，乾隆皇帝批阅完一份状纸后，勃然大怒。状纸由英国东印度公司一名“中国通”职员洪任辉所写，状告粤海关监督李永标纵容家人属吏敲诈勒索，资元行老板黎光华拖欠其货款五万多银两，并痛陈保商制度诸多弊病。洪任辉为何要千里迢迢由广州跑到北京来告御状？这一切要从当时实行的通商制度说起。

清初，为打击盘踞台海的郑成功、郑经父子，清廷实行了极为严苛的迁界禁海制度。康熙二十二年（1683）清军攻克台湾，考虑到贸易税收以及沿海百姓生计，清廷于康熙二十四年（1685）开辟广州、宁波、松江、厦门四口通商。为便于征税与管理外商，广东官府、粤海关公开招募洋货行，指定他们与外商做生意。

乾隆十九年（1754），英国东印度公司不堪粤海关刁难，想扩大对华贸易业务，便指示洪任辉前往关税更低的浙江宁波海关通航。于是往后数年间，英国商船纷纷绕开广州前往宁波通商。这使得乾隆皇帝十分恼怒，于乾隆二十二年（1757）颁布御旨关闭其余三个口岸，只留广州“一口通商”。

英国东印度公司不愿意清廷关闭宁波口岸，便授意洪任辉直航天津，到皇帝面前告御状。洪任辉深谙清朝官员结交之道，一路上通过行贿手段，由天津知府灵毓通禀，把状纸送给直隶总督方观承，再转呈乾隆皇帝御览。乾隆皇帝阅后，派人赴广州调查，粤海关监督李永标受革职处分，行商黎光华家产公开拍卖抵债。然而事态却朝着出人意料的方向发展，乾隆皇帝认为洪任辉“勾结”内地奸民，代为投诉，视大清海防如无物，有辱“天朝”尊严，下旨将洪任辉圈禁于澳门，期满三年驱逐出境，代写呈词的中国人刘亚匾被处死，替洪仁辉通禀的天津知府灵毓更是惨遭菜市口斩首。

为了防止此类事情再次发生，清廷颁布更加严厉的《防范外夷规条》，规定涉及洋商的一切事宜交由广州十三行办理。十三行由牙行、洋货行发展而来，这并非商行实际的数字，而是泛指广州与外国进行贸易的众多中国商行。作为清政府特许的垄断性商业组织，它承担着外国商船纳税、销售进口货物、采办出口货物、为外商提供仓库货栈、代为雇工等事务。久而久之，这些商行所在的街道被命名为十三行街，并形成了一个由马路、广场、十三行街、行商商栈、外国商馆等共同组成的商业区。

十三行行商是“天子南库”的管家，先后涌现了好几位世界闻名的富商巨贾。如同文行的潘氏家族，被当时的

^ 清 玻璃画《广州十三行商馆》 广州博物馆藏

法国人认为其家族财富堪比一个欧洲国王的地产；以伍秉鉴为代表的伍氏家族，经营着怡和行，茶叶生意遍布五大洲，还涉及美国的保险业、证券业、铁路建设等，家产达到惊人的2600万银圆，是当时世界上最富有的家族之一。

玻璃画《广州十三行商馆》描绘的就是当年十三行商区的盛况。画中外国商馆鳞次栉比，阁楼里的拱券、栏杆、阳台、浮雕装饰、楼前篱笆等细节一一可见。商馆后方，绘制了广州城的制高点、海防重地越秀山以及山上的镇海楼。珠江航道上繁忙异常，有帆索繁复的西式帆船、体形高大的广东红头船，两船之间还有划艇和舢板。

1840年，英国人再次为开拓通商口岸，挑起第一次鸦片战争。战败的清廷被迫与英国签订《南京条约》，广州一口通商地位和十三行垄断特权不复存在。1856年，第二次鸦片战争爆发，英军再度进攻广州，城内市民痛恨行商与英国人做生意，纵火焚毁了十三行商馆区，行商制度也如同为他们背书的清王朝一般摇摇欲坠，最终消散在历史的烟云之中。

今天的十三行路成了全国闻名的服装批发市场，依旧车水马龙，来自世界各地的批发商来此进货，只是曾经彩旗飘扬的商馆、觥筹交错的行商花园已无处寻觅。

十三行的兴衰，与清朝曾经的闭关自守政策休戚相关。当西方列强用坚船利炮叩开紧闭的国门时，持续一个多世纪的繁华也就随风而逝了。

大放异彩的广珐琅

1688 年 2 月，北京城还有些许寒冷，紫禁城却热闹非凡，宫中迎来了一批远道而来的客人，他们是法国国王路易十四所派来的使团。康熙皇帝接见了他们。法国人趁机献上携带的礼物：除了浑天器、象显器、看星千里镜等科学仪器，还有一些画珐琅。康熙皇帝对西洋珐琅非常好奇，仔细把玩后，向法国使节提出邀请对方技术指导前来中国，法国人欣然应允。

结果西方技术指导久久未到，康熙皇帝耐不住性子，命令造办处官员在国内寻找懂画珐琅技术的工匠。不承想，南方的广州城中真有精通此技术的人。1716 年，广东巡抚杨琳先后推荐了七位粤籍珐琅工匠入宫试烧西洋画珐琅。

所谓珐琅，又称“佛郎”，是一种古老而又精湛的工艺，它最早出现于东罗马帝国的佛区。大约在 13 世纪，珐琅工艺经阿拉伯地区，由陆路传入中国，古代工匠们将传统金属制造技艺融入珐琅器的制作中，几经改良，形成具有我国特色的掐丝珐琅工艺，尤以明代景泰年间烧制而成的“景泰蓝”最为闻名。

< 清 铜錾胎珐琅金鼎 广州博物馆藏

錾胎珐琅传入中国地区也很早，元明时期工匠们就已经掌握了，但清代以前存世的錾胎珐琅相当稀少。到了清代，我国的錾胎珐琅工艺有了极大的发展，广州工匠吸收了外来的欧洲金属工艺和珐琅工艺，使广州成为当时錾胎珐琅工艺的中心。

这件乾隆时期的铜錾胎珐琅金鼎，是当时广州工匠制作并呈送宫廷的精品，代表了广作珐琅的最高水准。工匠在金属胎上使用錾刻工艺做出精美的图案，通体饰有红、黄、蓝、绿、白五色花纹，以黄色细弦纹为底，肩饰绿色如意纹，腹饰蝠云纹及团寿字，纹饰图案寓意“福禄寿”，腹外底有“乾隆年制”四字，再经过烧焙、打磨、镀金等工序，最后在盖顶镶嵌一颗光彩夺目的绿翡翠，造型精美华丽。

画珐琅工艺相较于其他珐琅工艺出现得较晚，15 世纪中叶在欧洲由佛朗德斯发明,之后随着中西方贸易交流,从广州等港口传入国内。我国自制画珐琅产生于康熙年间,兴盛于乾隆时期，其工艺流程为先在器表涂一层白釉，然后绘画施彩，器里则施以淡蓝色珐琅，器底挂白釉，图案多为肖像、人物故事、山水风景等。清代广东工匠是中国最先接触和懂得西方画珐琅工艺的人。时至今日，画珐琅依然是广珐琅中最主要的工艺。

乾隆年间，广珐琅迎来鼎盛时期。乾隆皇帝下旨在长春园北部修建方外观、海晏堂、远瀛观等西洋式建筑群，室内陈设需要大量珐琅器，这大大促进了广珐琅的发展。乾隆十三年（1748），粤海关开始有制度地承办“广珐琅”，直接进贡大量本地制造以画珐琅为主的珐琅器物，乾隆晚期，清宫裁撤了“造办处”珐琅作，停止珐琅生产，全部改由广东供给。

当这些广东的工匠告老还乡后，清宫珐琅的技艺亦随之传到地方。这时的广珐琅基本延续清宫珐琅的格调，但在器型上常带有浓厚的西洋元素，也有写生作品，纹饰上更加繁复多彩，品类上尤其擅长难以驾驭的透明珐琅以及多种工艺组合的嵌珐琅、复合珐琅等。

在数以万计的金属胎珐琅器皿中，留下了众多稀世之珍，它们上可作典章用品和祭祀工具，下可作陈设用品和日常生活用具，书写了中国艺术史上灿烂的一页。

广东彩世界风

美是艺术的推动力和目的。英国作家毛姆曾说："伟大的艺术，从来就是最富于装饰价值的。"即便是看似寻常、毫不起眼的泥土，也可以是取之不竭的宝藏，经过坯料制备、坯体成型等工序，经历火的锻造，在"土与火"之中，诞生了泥土的另一种形态——陶瓷。

制瓷技艺，中国独领风骚，每一个瓷口都传承着一部底蕴深厚的工艺美术史。源自广州地区的广州彩瓷，采用别致的低温釉上彩装饰技法，在各种白瓷器皿上彩绘烧制而成。广彩始于清康熙，盛于乾隆、嘉庆年间，流传至今，成为享誉中外的瓷艺。古人以"彩笔为针，丹青作线，纵横交织针针见，何须锦缎绣春图，春花飞上银瓷面"的语句对其赞誉不已。

广彩的诞生，与瓷都景德镇渊源颇深。相传康熙年间，朝廷派了两个景德镇的人到广州当官，一个叫杨快，懂造瓷；一个叫曹琨，会烧窑。他们到了广州后暂时没官位，只好住下候缺。转眼几个月过去了，两人身上的盘缠也用光了，便寻思着合伙做些生意。当时广州云集中外商人，大量洋商到此订购瓷器、茶叶。很多陶瓷是在景德镇烧制绘好，再送达广州出口的。见此情形，两人灵机一动，认为不如把空白瓷器运到广州再行绘制，节省成本。于是二人合伙开办了一间瓷器厂，从景德镇请来能工巧匠，再在广州本地招聘工人，生产彩绘陶瓷。不承想这种模式一下子就打开了销路，两人挣得盆满钵满，还被后世瓷匠视作广州彩瓷的鼻祖。

杨快、曹琨的故事或许只是一个传说。但广彩的出现和发展却和这个传说大同小异。康熙二十三年（1684），清廷解除海禁，外国商船纷至沓来，大量订购中国瓷器。为节约运输成本，广州十三行商人接到欧美商人的瓷器订单后，一改从前到江西景德镇采购的做法，在广州雇用工人，将景德镇的白瓷器运到广州，利用西方商人带来的珐琅料在白胎上进行彩绘。绘画技法上除了延续中国传统散点法外，还引入了西洋绘画的透视技法，用彩厚重，图案题材涵盖中外花卉、人物、山水、动物等。最后将彩绘好的瓷器放入窑中进行低温（约800℃）二次烧制，使颜料与釉层融合，形成釉上彩。这样既满足了复杂的订单需求，又大幅缩短了工期，广州彩瓷因此得以大量生产，畅销海外。

广州彩瓷在不同时期所呈现的风格也不一样。康熙、雍正时期的广州彩瓷，风格不明显，与景德镇彩瓷区别不大，产量虽少，但品质精良。雍正时，来样定制、来料定

< 清 广彩鹿羊纹瓷碗 广东民间工艺博物馆藏

制这种商业模式已经被广州人运用得炉火纯青，根据欧美客户的个性化定制需求，可以将西方的神话故事、风景、族徽等都描绘在一套套瓷器当中。

到了乾隆、道光时期，广彩工艺水平达到顶峰，广州当地所制的西洋红、鹤春色、茄色、粉绿等成为主色调，大量模仿西洋器具的款式、纯粹的西洋题材纹饰大量出现，浓烈的色彩、曼妙的线条，迎合了西方人的审美情调，不少作品甚至呈现出典型的欧洲人钟爱的洛可可风格。

这件广彩鹿羊纹瓷碗是乾隆时期烧制的精品。碗内壁口沿以西红为主，绘西式垂悬花串一周，高圈足外壁绘外销瓷中典型的竹枝花卉纹，碗腹以干大红、西红和绿彩为主，绘花鹿、绵羊、钱纹等，展现的是一对或卧或立、姿态不同的鹿在湖边栖息的场景。鹿在中国传统文化中是长寿的象征，瓷器上以鹿为主题的纹饰图案寓意丰富，变化多端，常作为“禄”的替代形象，与蝠（福）、寿桃组合成寓意“福禄寿”吉祥图案。双鹿纹在17世纪景德镇外销的青花瓷中较为常见，但此碗中鹿的形象偏于写实，与中国传统的鹿纹明显不同。此处的鹿面长如马，身体壮硕，应是一种被称作“马鹿”的外来品种。广彩匠人通过浓淡不同的用彩及运笔技法，将鹿的神态、动作和毛发描绘得栩栩如生，与充满异域风情的植物花卉及远山、湖泊一同营造了浓郁的自然气息，展现了广彩绘画技法吸收西方技巧所呈现的较强立体感和空间感。

嘉庆至道光中期，欧洲制瓷业日趋成熟，欧洲各国陆续停止从中国购买大宗瓷器，新兴的美国成为广彩瓷器的主要消费市场。此时的广彩为适应新的市场，在种类、风格和工艺特点方面发生了转折性改变，红、绿彩釉以及金彩被大面积使用，以构图饱满、色彩绚丽、堆金积玉的风格为多。

道光后期，广彩逐渐由出口转为内销，瓷器的纹饰也由暖色调为主变为冷色调为主，从放达到内敛，似有若无地暗示着清朝的没落。此后，由于清末民国社会动荡，广彩生产地由广州转移到香港、澳门，直至新中国成立后，广州的广彩制造业才重现生机。

广彩之美，美在民俗，美在创造，植培于岭南风土，浸润着广府文化的品格和风度，吸纳欧风美雨，传递着时代的至极璀璨。三百年风风雨雨已成往事，如今轻轻抚摸遗存至今的广州彩瓷，仍能感受到匠人的心血与情感，重温昔日广州口岸的喧嚣繁华。

追忆白银时代

一件精巧的银提篮，曾在繁华的十三行商馆中备受欧洲客商追捧，它的每一个银光闪烁之处，都展现着广州匠人的精工巧技。它从历史的烟云中轻轻走来，为我们讲述广州城那段鲜为人知、尘封许久的“白银时代”。

银，作为一种贵金属，和黄金一样，被人类用来制作成货币、首饰，是奢华和富有的象征。唐宋以前，因稀有，银为皇家贵族专属，寻常百姓难以识其真容。直到宋代以后，民间贸易蓬勃发展，白银摇身一变，由奢侈品成为流通货币，走进千家万户。

然而我国的白银产量一直十分稀少，极度依赖海外供应。15 世纪地理大发现后，中国被纳入更加广阔的全球性贸易网络，美洲、日本所产的白银源源不断流入中国。清初学者屈大均曾记载：“闽、粤银多从蕃舶而来。番有吕宋者，在闽海南，产银，其行银如中国行钱。西洋诸番，银多转输其中，以通商故。闽、粤人多贾吕宋银至广州，揽头者就舶取之，分散于百工之肆，百工各为服食器物偿其价。”

随着 18 世纪下半叶到 19 世纪中后期巨量白银的输入，广州成为全国最大的银器生产和销售地之一。早在清中叶，在十三行同文街、靖远街就形成了一个银器市场，出现了专营银器的洋货行，以区别制作中国传统银器的“唐行”。所谓唐行，专指制造中国本来就有的银器品种的银店，即首饰、镯子、中餐具之类。洋货行则侧重于生产西式器皿，依照西方人的审美风格制造并出口银器，包括西餐具、西洋茶具、酒杯、糖果容器、花瓶、烟盒、怀表附件、梳妆具、名片盒等，以价格低廉著称，令客商赞不绝口。这些银店还采用产销分离的模式，同一销售商可以分包给不同银匠或作坊，同一银匠或作坊也可以承接不同销售商的业务，呈现出一种成熟的市场分工模式。

这些外销银器以标志性的累丝工艺闻名。唐宋时期，银匠从中亚、波斯等地习得这门技术，先以银边构成框架，再用银丝经过掐、填、堆、垒、织、编、攒、焊等技法组成图案纹饰。这是一门极其精细复杂、耗工耗时的技艺，虽然累丝银器用料较少，但制作成本并不低，早期常为贵族定制。清代伴随着珐琅技艺的发展，累丝与烧珐琅技艺相结合，为银丝增添了蓝、绿、黄等色彩，银器中的楼台亭阁、人物山水、花卉等就多用珐琅片装饰。

这件银鎏金累丝烧蓝提梁小篮，集清代广州制银工艺之大成，篮身及篮盖被八根银棱分隔为八部分，中间间以银累丝成旋涡状装饰，具有镂空的效果。小篮从提梁到盖面、篮身均加饰烧蓝珐琅片，或为花卉树木，或为房屋亭

< 清 银鎏金累丝烧蓝提梁小篮 广州博物馆藏

阁，银光湛湛，熠熠生辉。

第一次鸦片战争后，随着中国通商口岸不断增加，广州外销银器业开始向香港、上海、汉口等其他口岸城市扩张，上海甚至出现了大量专营外销金银首饰的“粤帮银楼”，中国外销银器进入繁荣期。广州本土银店发展势头也不减，先后出现的 70 余家外销银器销售商中，只有 16 家是在第一次鸦片战争前出现，其余均出现在 1840 年之后。20 世纪 20 年代前后，广州外销银器的销售和制造商数量达到顶峰。据统计，1924 年广州市有金铺 57 间，金银器店 496 间，从业人数过万。

清代至民国，广州外销银器迎来了极具标志性的“白银时代”，以中西交融的鲜明艺术风格、精湛的金银细作工艺、丰富多变的造型和浩繁华丽的纹饰征服了全世界，是近代中国外销艺术品的独特品种之一，是中西文化交流繁盛时期中国参与全球贸易的又一见证。

人与象的千年同行

在中华传统文化中，大象寓意着太平有象、吉祥如意、万象更新，被当作吉祥、智慧的象征。

人类驯象的历史十分悠久，我国在商朝时期就将大象编入军队，当时中原气候温暖湿润，华北平原曾经分布着众多大象，今天的河南省简称“豫”，也是因为当时中原是大象的主要栖息地。

岭南地区地处亚热带雨林与热带雨林交界处，在古代曾经是野生大象的宜居家园，“彼炎荒兮，王国是宾。比驯象兮，越俗所珍”，汉武帝时期，南越国曾向朝廷进贡大象。此后一千余年间，岭南的大象，或用作仪仗，或用于战争，直到明代，由于气候变冷，加之被大量捕杀，岭南野象才最终走向灭绝。

象牙因有着温润细腻的质地和柔和的色泽，人们将其视为珍宝，甚至用来制作牙雕。早在旧石器时代，居住在周口店的山顶洞人，就有将象牙雕刻作装饰品用以随葬的习俗。在西汉南越文王墓，也有牙雕文物出土，但令人意想不到的是，这些出土的象牙竟然属于非洲象，可能是因为与其花费人力物力捕捉野象，还不如靠着海贸优势，从海上通道获得价低质优的非洲、东南亚所产象牙以制作象牙席、印章、文具、花瓶等。

广州的象牙贸易持续千年之久，唐宋时期曾有“关口象牙堆”的说法；明代，珠江岸边甚至形成了一个象牙加工和贸易市场，“香珠犀象如山，花鸟如海”，进口的象牙数量可见一斑。到了清代，广州象牙工艺品迎来高光时刻。广州城内大新街沿路、三府前、玉子巷形成了一个专营象牙雕刻产业的象牙街。广州牙雕与北京牙雕、江南牙雕形成三足鼎立之势，清雍正至咸丰年间，广州还有 15 名牙雕艺人，因为精湛的雕工被召进宫廷侍奉皇家。

广州牙雕制作十分注重雕工，有雕刻、镶嵌和编织三大类工艺，前二者最为闻名。雕刻多采用阴刻、隐起、起突、镂雕、茜色等法，其中镂雕最让人叹为观止。广州地处南方沿海，气候温和湿润，非常适合对质地细腻的象牙进行精雕细刻，而不致脆裂。牙雕艺人往往用刀具伸进象牙内层进行多层雕刻，完工后，一块完整的象牙料被巧妙地镂雕成层层相套的球体，“球内套球，逐层镂空，层层转动”，这种象牙球，在明代曹昭《格古要论》中被称为“鬼工球”。

镶嵌工艺则是将数千件各种形态的构件组合到一起，尤以象牙画舫居多。清代广东水网密布，出行所依赖的船，成为牙雕工艺者创作的灵感源泉。早期的牙雕船，通常只有单层，结构简单。后来，牙雕船开始通体刻画图案花纹，而单层船体也渐渐向多层船体发展。这件清代同治象牙镂空雕龙船摆件可以说是集牙雕工艺之大成者，是当时为庆贺慈禧太后四十寿辰的特制贡品，采用镂空雕和圆雕相结合的制作工艺，由多块象牙拼装镶嵌而成。船头为一龙头，龙嘴微张，配以用丝线制成的龙须，神情活泼灵动，船身及船尾分别为遍布龙鳞的龙身和游动上扬的龙尾。楼高三层的船舱主体如盖房搭架一般稳稳地落在龙身上。船舱的窗、围栏及廊柱均采用镂空雕刻手法以缠枝葡萄纹、团寿纹或花草纹表现，底层近船首处有蓝采和、何仙姑、汉钟离等八仙庆寿的场景，舱内有乐师演奏，热闹非凡。船舷两侧各有八名童子持桨划船，船尾有一人掌舵，中层大厅正中端坐的贵妇人正接受各方的祝寿，仕女身穿彩衣恭献贺礼，顶层则有花草、旌旗和罗帐等装饰。而龙船上的人物、花草、旌旗等均进行茜色，即以茜草涂染象牙，增强立体感。

尽管古代的牙雕工艺让人赞不绝口，但今天大象的生存却岌岌可危。目前中国野象只生存在滇西南地区。我国于2018年1月1日起全面停止商业性象牙加工销售活动，人与象、人与自然的和谐共生之道，仍然在不断探索之中。

清 象牙镂空雕龙船摆件 广州博物馆藏

欧洲仕女手中的东方折扇

1851年，英国伦敦举办了第一届世博会——“伦敦万国工业产品大博览会”，一把来自中国的象牙扇吸引了众多参观者的目光。扇子用象牙制成，运用了雕刻、钻孔等复杂工艺，售价却只有二十先令，约等于今天的十块钱人民币。不过，这种价低质优的扇子引起了欧洲扇子制造商们的不满，因为大量来自中国广州生产的扇子被销往欧洲，挤压了本土制扇业。早在1752年，英国布里斯托尔的杂志上刊登的一份英国制扇工人的请愿书中，工人们就抱怨大量从东方进口的扇子压低了本地扇子的价格，导致英国生产商破产和工人失业。

16世纪，活跃在东西方海上贸易航线的欧洲商人，首次将中国扇子带回欧洲，随后中国扇便源源不断地销至欧洲。宫廷贵妇们以拥有一柄精致华美、充满异国情调的扇子为荣，扇子成为她们服饰装扮的必备之物。法国王室是“中国风”的直接推手，法王亨利二世的妻子凯瑟琳·德·美第奇，从意大利佛罗伦萨嫁往巴黎时，将意大利奢华讲究的生活方式也带入法国宫廷，自她以后手扇也成为宫廷时尚。18世纪，作为欧洲时尚中心的法国盛行洛可可艺术，极致繁复的中国扇子成为贵妇们的新宠，法国作家伏尔泰曾经说过：“不拿扇子的女士，犹如不拿剑的男子。”人们可以通过妇女手中的扇子区分她们财富多寡和地位尊卑。在社交场合中，欧洲女性还可以借助扇子展示姿态，表达自己的情绪、想法等，这种利用扇子的动作语言被称为“扇语”。

那时欧洲进口的绝大部分中国扇出自广东。18 世纪中期至 19 世纪上半叶的中国，常年实行“一口通商”政策，只开放粤海关，广东省城广州是中外贸易的唯一枢纽。为了满足欧洲市场的需求，广州商行生产制作了大量符合西方审美趣味的外销扇，主要有以多根扇骨和纸质或丝质扇面共同构成的折扇，仅由扇骨构成、展开后扇骨可连缀成扇面的骨扇，扇面固定、无法开合且有柄的团扇，以及用禽鸟羽毛制成的羽扇。在今广州大新路、状元坊、德新路、长寿路一带，集中了大量制扇工坊和扇庄，分工明确，井然有序，“扇仔行”专制扇坯，“贡牙行”专做扇骨拉花，“牛骨行”专刨骨料，“雅风行”专裱扇面，“仁风行”装配成品。据记载，1880 年中国出口货物清单中扇子的数量高达 6827989 把，总价格为白银 38881 两，足见广州制扇业的发达。

区别于中国传统文人折扇，出口欧洲的扇子从材料选择到制作工艺，都极尽豪奢奇巧。外国商人在广东采购扇

^ 清 十三行水彩画象牙扇 广州博物馆藏

∧ 清 象牙劈丝花卉纹章纹折扇 广州博物馆藏

> 清 象牙骨描金绘神话故事图扇 广东民间工艺博物馆藏

子时喜欢定制，即“来样加工”。除了定制形制特殊的扇子，扇面上的装饰也是重要的定制内容，其中最常见的定制图案是代表贵族个人身份或家族身份的“纹章”。还有一种以纸本彩绘表现风景人物的折扇，主要描绘欧洲人想象中的中国园林风景与人物生活，这是当时西方人了解中国风土人情的一个重要途径。欧洲市场还会在广东定制半成品扇子，运回欧洲后再使用彩绘、雕刻等方式进行二次装饰，一个庞大而复杂的扇业贸易网络就这么形成。

伦敦万国工业产品大博览会展出的象牙扇，也属于定制扇的一种，被欧洲人称为“卜瑞斯扇”，一般由象牙匠师制作，扇骨和扇面一般采用镂空透雕纹饰，以丝绳连接扇骨，扇面装饰有的采用中国山水人物或者欧洲神话题材中人物、野兽彩绘，有的则采用开光装饰，每片扇面的厚度不过两三张纸的样子，非常轻薄，拿在手上如同蕾丝一般。当时的一位美国游客奥斯蒙德·蒂法尼在其游记《旅居中国的美国人》中写道：“在我看到这项中国技艺之前，我不能相信象牙原来可以变得那么柔软，……真是太完美了！”除了象牙外，其他玳瑁、檀香、贝雕、银累丝、丝绸等材质的扇子也很多见。

广州外销象牙扇不仅是工艺品，更是文化交流的载体，它们在西方的流行不仅展示了中国工匠的技艺，也反映了当时中西文化的交融和互动。

广州自鸣钟

16世纪后，随着通往东方“新航路”的开辟，欧洲的传教士纷纷东来。为打消中国官绅对外洋宗教的抵触和排斥，这些传教士找到了一件打开中国大门的钥匙——自鸣钟。所谓自鸣钟，就是当时欧洲人制造的机械钟表。16世纪，金属工艺的进步，使欧洲钟表匠能制造出比较精确的齿轮和擒纵机构。钟表不受天气和温度的影响，将每日误差降至十几分钟以内，精准度远超中国广泛使用的本土计时装置日晷和漏刻。

最早将西洋钟表带入中国的是意大利耶稣会传教士罗明坚。1580年，他把自鸣钟作为“敲门砖”献给当时的两广总督陈文峰，以赢得官员对他传教事业的支持。两年后，意大利传教士利玛窦抵达澳门，不久后一路北上。抵达北京后，他将一大一小两件自鸣钟献给喜欢做木工的万历皇帝，受到赞许。这是紫禁城中第一次出现西洋钟的身影。

到了清初，随着一批又一批西方传教士携钟表来华进贡，皇帝们对西洋钟的痴迷更甚。顺治皇帝得到一件小型的自鸣钟后，随身携带，并期望获得更大的钟。但这与他

<

清 铜镀金转花水法奏乐钟 广州博物馆藏

< 清 铜镀金珐琅瓶变字转花开花钟 广州博物馆藏

的曾孙乾隆皇帝相比，可谓小巫见大巫。因西洋钟更准时，暗喻着为君者端正守礼，被乾隆皇帝视作关乎国计民生的一项技艺。清宫《陈设档》记载，乾隆年间，紫禁城内仅宁寿宫的东暖阁一处就陈设了十六件钟表之多，还将康熙用来存放、修理钟表的自鸣钟处扩大，成为拥有一百多名中外工匠的“造钟处”。

紫禁城对西洋钟表需求如此庞大，仅凭人数有限的传教士与来华使节当然力有不逮，广东粤海关采办自鸣钟便显得尤为迫切。据乾隆朝进贡档案的不完全统计，当时仅广州进贡的钟表大约就有一千四百件，占各地总数的一半以上。

为了节约运费成本，西方商人从欧洲运来机械设备，并派遣匠师，在广州口岸开设钟表工场。如英国东印度公司的船长马金图斯，经常来往于伦敦与广州，于是他就在广州开设了一家钟表工场。正是这些西方工匠最先给广州带来了先进的钟表技术。当时广州工匠近水楼台先得月，不仅可以亲眼看到自鸣钟，还可以直接与外国钟表技师进行学习交流。在康熙、雍正年间，本地人尝试开办钟表作坊，但质量还是有差距，不及西洋之精巧。

随着广州工匠不断学习和积累，到乾隆晚年时，制造的钟表造型、机芯已经不亚于西方，价格上又有优势。马戛尔尼的助手斯当东在《英使谒见乾隆纪实》中说“广州工人模仿的本领很高，他们能制造和修理钟表、模仿西洋油画和水彩画”，“广州的铁匠可以把铁铸成极薄的薄片，本领超过欧洲工匠”。原本被皇帝嫌弃的“广钟”，逐渐被广东地方官员作为贡品送入紫禁城，到了嘉庆时更是每年进贡 2 ~ 4 件广钟。现在故宫博物院所留存的几百座精品广钟，绝大多数就是乾隆末期和嘉庆年间广东进贡的。

清廷还向全国各地引进工匠,以来自广东被称作广匠、南匠的钟表工最多。这些工匠在宫廷和传教士一同制造钟表,又将最顶尖的技术带回家乡。广州的钟表业越发成熟,从以往对西洋钟的简单仿制走向自主创新，完成了西洋机械钟表的“中国化”转变

广州钟表技法大胆前卫，以色彩鲜艳的广珐琅技术最具特点，广州博物馆收藏的清乾隆铜镀金跑鸭转人亭式钟是其中的一件精品：通体镀金，分上下两层，下层正面錾花板上镶嵌有彩色料石。钟盘上方景台，有牧羊人牵羊过桥，鸭子戏水的动态景观，令人目不暇接。每到整点的时候，音乐钟声响起，亭内人物回旋，继而位于中间的小门就会敞开，出现一持宝塔、一持佛手的两个牙雕小人，做献宝状。依靠广钟体内若干以多盘塔轮或发条带动的组齿轮系统，人、鸟、兽、花能有序报时、报刻，每十五分钟奏乐一次，这是其他地方所制时钟所无法媲美的。

嘉庆以后，国势衰颓，曾经风靡一时的自鸣钟逐渐淡

< 清乾隆 铜镀金跑鸭转人亭式钟 广州博物馆藏

< 清 铜镀金珐琅花瓶钟 广州博物馆藏

出人们的视线。纵观清代广钟历史，其经历了引进—模仿—自主创新的发展过程，最终实现了“中国芯”。广州不仅是西洋钟表入华的窗口和推广的起点，也可说是中国自制钟表的发源地。现在广州向海内外销售的商品，早已不止钟表一类。如前人一样，广州人依然善于模仿和学习外来优秀文化，在未来的创新道路上将会走得更稳更远。